Da raucht nicht nur das Weihrauchfass

Anneliese Hück

Da raucht nicht nur das Weihrauchfass

Rätsel und Quizfragen für Ministrantinnen,
Ministranten und andere helle Köpfe

Matthias-Grünewald-Verlag · Mainz

Zeichnungen: Josefa Oehm

 Der Matthias-Grünewald-Verlag ist Mitglied
der Verlagsgruppe engagement

Die Deutsche Bibliothek – CIP-Einheitsaufnahme

Hück, Anneliese:
Da raucht nicht nur das Weihrauchfass : Rätsel und Quizfragen für
Ministrantinnen, Ministranten und andere helle Köpfe / Anneliese
Hück. – Mainz : Matthias-Grünewald-Verl., 1998
    ISBN 3-7867-2119-X

Umschlag: Harun Kloppe, Mainz
Umschlagbild: © Sieger Köder, Mit meinem Gott überspringe ich Mauern
Druck und Bindung: New Interlitho, Mailand

ISBN 3-7867-2119-X

Inhalt

Vorwort 7
Einige Hinweise zum Umgang mit diesem Buch 9

Die Feier der Messe 13
    I Da fehlt etwas! 14
   II Eine Messe mit Fehlern 15
 III Wer knackt die Nuss? (1) 16
 IV Die Messe – Wer kennt die richtige Reihenfolge? ... 18
      Quizfragen (1–33) 21
  V Wer kennt sich mit den Kirchenliedern aus? 32
 VI Was ist richtig? – Die Messfeier 34
VII Wer weiß Bescheid über die Messfeier und kennt
      sich auch ein wenig im Kirchenjahr aus? 36

Wortgottesdienste und gemeinsame Gebete 39
      Quizfragen (34–42) 40

Sakramente und Sakramentalien 43
VIII Kennst du dich mit den Sakramenten aus? 44
      Quizfragen (43–54) 46

Die liturgischen Geräte / Der Kirchenraum 51
 IX Christoph erhält eine besondere Kirchenführung ... 52
      Quizfragen (55–66) 56
  X Als Markus plötzlich Küster wurde 60

Die liturgischen Gewänder / Die liturgischen Farben 63
 XI Was ist richtig? – Wer weiß Bescheid über liturgische
      Gewänder und Farben und kennt sich auch ein wenig
      bei den Büchern und Geräten aus? 64
      Quizfragen (67–78) 67

Die liturgischen Bücher / Die Bibel 71
XII Wer kennt sich in der Bibel aus? 72
      Quizfragen (79–90) 79

XIII   Eine ungewöhnliche „Arche Noach" 83

XIV Ein Botanischer Garten besonderer Art 84

Das Kirchenjahr 85

XV   Bekannte Hochfeste und Zeiten im Kirchenjahr 86

XVI Als die Weisen aus dem Morgenland sich zum Grab
Jesu aufmachten – Ein merkwürdiger Gang durch
das Kirchenjahr 88

Quizfragen (91–120) 91

XVII Aus zwei mach eins – Ein Rätsel zum Kirchenjahr . . 101

XVIII Ein Kirchenjahr mit Lücken 103

Rund um Weihrauch – Kerzen – Kirchenjahr
(zu verschiedenen Themenkreisen) 105

XIX Wer knackt die Nuss? (2) 106

XX   Eine merkwürdige Biografie 108

XXI Die etwas anderen Quizfragen – Rätsel für
„Querdenker" 109

XXII Wer kennt sich bei den liturgischen Büchern,
Gewändern und Geräten aus? 110

XXIII Wer knackt die Nuss? (3) 112

XXIV Die Kirchenlatein-Schlange 116

Lösungen 118

Zu I–XXIV 118

Zu den Quizfragen 1–120 129

Vorwort

Liebe Gruppenleiterinnen und Gruppenleiter,
liebe Quiz- und Rätselfreunde,

vielleicht sind Sie als Gruppenleiterin oder Gruppenleiter auch gleichzeitig ein Rätselfreund, der gern spielt und knobelt, sehr wahrscheinlich sogar, sonst würden Sie dieses Buch wohl nicht zur Hand nehmen. Und offensichtlich liegt Ihnen die Liturgie am Herzen, sonst hätten Sie eher zu einem der vielen Spielebücher gegriffen, die mit allen möglichen Themen auf dem Markt angeboten werden. Denn in diesem Buch geht es nicht darum, wer den höchsten Berg und den Rekordhalter beim Toreschießen kennt oder am schnellsten Ballons von einer Ecke zur nächsten transportieren kann. Hier geht es vor allem um den gottesdienstlichen Bereich im weitesten Sinne.

In letzter Zeit wurde mir gesagt: „Die Ministrantinnen und Ministranten von heute wissen viel weniger als etwa vor zehn Jahren." Ich denke, das kann, muss aber nicht so sein.

Diejenigen, die die Spiele und Rätsel bereits ausprobiert haben, fanden es spannend, die Rätselnüsse zu knacken, mit Markus einmal als Ersatzküster aufzutreten oder herauszubekommen, ob die Heiligen Drei Könige das Grab Jesu besuchten.

Mit diesem Buch kann und will keine Einführung in die Liturgie gegeben werden. Dies ist anderen Veröffentlichungen vorbehalten. Eine solche einfache Erschließung der Liturgie habe ich zum Beispiel in meinem Buch „Ein Dienst, der uns froh macht. Kleines Handbuch für Ministranten" ([9]1998) versucht. Die nachfolgenden Spiele, Fragen und Rätsel sollen vor allem Spaß machen und vielleicht auch ein wenig neugierig auf die Liturgie. Dass dabei das eine oder andere gelernt werden kann, ist ein erfreulicher Nebeneffekt.

Natürlich lassen sich mit diesem Buch auch ganze Treffen bestreiten oder eine „Rätselstunde" während einer Freizeit. Häufiger wird man sich ein Spiel für den Anfang oder das Ende einer Gruppenstunde o.ä. aussuchen. Ausgewählte Teile können auch gut in

Erstkommuniongruppen, im Unterricht oder auch einmal in einem Gottesdienstvorbereitungskreis gespielt werden.

Die Messe und die liturgischen Grundhaltungen, die verschiedenen Gottesdienste und gemeinsamen Gebete, die liturgischen Geräte, Gewänder und Farben, der Kirchenraum, die verschiedenen Bücher und vor allem auch das Kirchenjahr sind Themen, die die ganze Vielfalt der Liturgie aufzeigen, die ja auch als „heiliges Spiel" bezeichnet wird.

Aber nicht jeder, der gerne knobelt und Rätsel löst, muss dies in Gruppen tun. Deshalb sind alle Rätseleinheiten so konzipiert, dass ebenso direkt „im Buch" gespielt und gelöst werden kann. Das trifft selbst für die 120 Quizfragen zu, die einheitlich gestaltet sind und ein eigenständiges „Kartenspiel" ergeben (s.u.).

Das Ausdenken und Ausprobieren der Fragen und Spiele hat sehr viel Spaß gemacht, und ich wünsche mir, dass alle, die dieses Buch benutzen, (noch mehr) Freude an dem großen und interessanten Bereich „Liturgie" bekommen.

Herzlich danken möchte ich an dieser Stelle den Gemeinden St. Justinus, Alzenau, St. Georg, Darmstadt-Eberstadt, und Hl. Familie, Hüttenberg, die in ihren Ministrantengruppen die Rätsel und Quizfragen erprobt haben.

Nun viel Spaß beim Spielen!

Anneliese Hück

Einige Hinweise zum Umgang mit diesem Buch

Wie bereits im Vorwort erwähnt, lassen sich alle Rätsel und Quizfragen sowohl in Gruppen als auch allein – direkt im Buch – bearbeiten und lösen.

Für das Spielen in Gruppen müssen genügend Exemplare des ausgesuchten Rätsels kopiert werden; ebenfalls sollten genügend Stifte bereitliegen.

Besonders in Ministrantenrunden kann ein Spiel/Rätsel zu Beginn als Einstieg (Motivation) dienen; am Ende eines Treffens oder in der nächsten Stunde kann es Gelerntes spielerisch wiederholen und vertiefen (Sicherungsphase). Gerade dort sollte in diesem Zusammenhang aber auch die Möglichkeit genutzt werden, über die Lösung(en) hinaus, über die Inhalte zu sprechen oder mindestens die eine oder andere weitere Information zu geben.

Wenn es sich beim Spielen herausstellt, dass bestimmte Bücher, Gegenstände, Gewänder usw. unbekannt sind, sollte man sie möglichst direkt oder bei nächster Gelegenheit zeigen und näher erläutern.

Einzelne Einheiten und Rätsel eignen sich auch zum spielerischen Austesten der vorhandenen Kenntnisse (z.B. bei Erstkommunion- oder Firmgruppen oder in einer neuen Ministrantenrunde).

Unter *Hinweise* finden sich häufig mögliche Spielvarianten oder grobe Angaben zum Schwierigkeitsgrad des Spiels. Auf eine grundsätzliche Einteilung in verschiedene Schwierigkeitsstufen habe ich bewusst verzichtet. Der Wissensstand in den einzelnen Gemeinden ist zu unterschiedlich. Auch Altersangaben haben sich als nicht sinnvoll erwiesen (vgl. z.B. die unterschiedlichen Voraussetzungen in den Erstkommunion- und Firmgruppen). Einige Spiele sind schwieriger als andere – oder werden eben auch nur als leicht oder schwer empfunden, je nachdem wie gut man in den verschiedenen liturgischen Bereichen oder in den einzelnen Sachgebieten zu Hause ist.

Die Hinweise zu den Spielen sind beim Kopieren nach Möglichkeit abzudecken.

Begriffe, die vielleicht in der Gruppe noch nicht bekannt sind, soll-

ten entweder zu Beginn erklärt oder zunächst in der Vorlage ergänzt und später erläutert werden. In der Regel lassen sich die
Spiele auch durchführen, wenn einzelne Begriffe vorab im Rätsel
ergänzt werden.

Weniger ist oft mehr! Besonders bei AnfängerInnen kann es sinnvoll sein, nicht gleich mit einem vollständigen Frageblock zu beginnen, sondern zunächst einige Fragen herauszugreifen.

Der *Lösungsteil* befindet sich am Ende des Buches. Um den Lern-
effekt zu erhöhen, sind hier verschiedentlich noch kurze Erklärun-
gen angefügt.

Quizkarten im Quizbuch

In diesem Buch finden sich in den einzelnen Sachgruppen 120 Fragen, die zu einem eigenständigen Quiz verwandelt werden können.

Der Grundbestand geht auf das 1988 erschienene Buch „Weihrauch
– Kerzen – Kirchenjahr. Kleines Quiz für Ministranten" zurück. Für
die vorliegende Veröffentlichung wurden die Fragen teilweise ver-
ändert und ausgetauscht.

Die jeweiligen Seiten sind nach Möglichkeit auf stärkeres Papier
zu kopieren oder – noch stabiler – auf Karton zu kleben. Die
Lösungsseiten (s. S. 129ff) können ebenfalls kopiert und mit den
Karten aufbewahrt werden.

Die *Spielmethode* ist ganz einfach. Der/die SpielleiterIn hebt die
Karten nacheinander ab, liest die jeweilige Frage, und wer die richtige Antwort als Erster sagt, bekommt die Karte. Ist die Antwort
nicht genau gegeben, gilt sie auch, aber ihr Wortlaut wird noch
einmal vorgelesen. Kennt niemand die Lösung, ist es sinnvoll, die
Antwort ebenfalls vorzulesen, die Karte an den Schluss des Spiels
anzufügen und am Ende nochmals zu verwenden.

Die Spielweise lässt sich vielfältig variieren – der/die LeiterIn kann
hier je nach Zusammensetzung, Alter und Vorkenntnissen die ge-
eignete Form wählen. Möglich ist es zum Beispiel auch, in zwei oder
mehreren Gruppen zu spielen, wobei die Gruppenmitglieder sich
untereinander beraten dürfen. Erst wenn die zuerst befragte Gruppe
die Antwort nicht weiß, geht die Frage an die anderen weiter.

Oder: Die SpielerInnen ziehen nacheinander „ihre" Karte. Dies hat den Vorteil, dass nicht nur die „Schnellsten" zum Zuge kommen. Doch hier wird auch eher deutlich, wer noch nicht so gut Bescheid weiß.

Eine weitere Variante ist, wenn der/die SpielleiterIn die Quizkarten – entsprechend dem Wissensstand und Alter der MinistrantInnen – nach leichteren und schwierigen Fragen bündelt. Jede/r TeilnehmerIn kann dann selbst bestimmen, welchen Schwierigkeitsgrad und welche dementsprechende Punktzahl seine/ihre Frage haben soll. Sieger ist, wer die meisten Punkte erreicht.

Man kann selbstverständlich auch mit einem ausgewählten Teil der Karten spielen. Dies bietet sich besonders nach Gruppenstunden an, in denen bestimmte liturgische Bereiche durchgesprochen wurden. Die einzelnen Themenkreise sind durch ein Symbol gekennzeichnet, ebenso jene Fragen, die den Ministrantendienst im engeren Sinn betreffen, so dass man die passenden Karten rasch herausfinden und das Quiz auch in Kommunion-, Firm- oder anderen Gruppenstunden sinnvoll einsetzen kann.

Wie bei allen anderen Teilen dieses Buches kann man auch für sich selbst erproben, wie fit man (schon) ist.

So, jetzt kann es endlich losgehen!

Die Feier der Messe

I Da fehlt etwas!

Die folgenden Texte werden in der Messe gesprochen.
Wer kennt sich aus und kann die fehlenden Worte ergänzen?

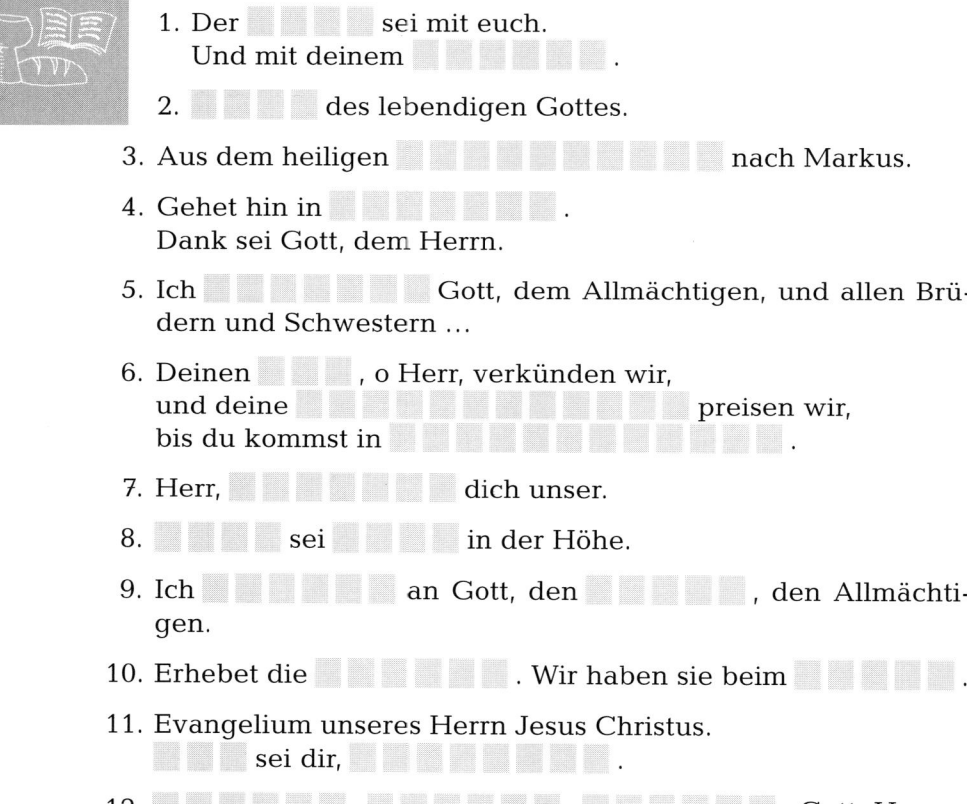

1. Der ▩▩▩ sei mit euch.
   Und mit deinem ▩▩▩▩▩.

2. ▩▩▩ des lebendigen Gottes.

3. Aus dem heiligen ▩▩▩▩▩▩▩▩ nach Markus.

4. Gehet hin in ▩▩▩▩▩.
   Dank sei Gott, dem Herrn.

5. Ich ▩▩▩▩▩▩ Gott, dem Allmächtigen, und allen Brüdern und Schwestern ...

6. Deinen ▩▩▩, o Herr, verkünden wir,
   und deine ▩▩▩▩▩▩▩▩▩ preisen wir,
   bis du kommst in ▩▩▩▩▩▩▩▩.

7. Herr, ▩▩▩▩▩ dich unser.

8. ▩▩▩ sei ▩▩▩ in der Höhe.

9. Ich ▩▩▩▩▩ an Gott, den ▩▩▩▩▩, den Allmächtigen.

10. Erhebet die ▩▩▩▩▩. Wir haben sie beim ▩▩▩▩.

11. Evangelium unseres Herrn Jesus Christus.
    ▩▩▩ sei dir, ▩▩▩▩▩▩.

12. ▩▩▩▩▩, ▩▩▩▩▩, ▩▩▩▩▩, Gott, Herr
    aller Mächte und Gewalten.

13. Der ▩▩▩▩▩ des Herrn sei allezeit mit euch.

14. ▩▩▩▩ Gottes, du nimmst hinweg die Sünde der ▩▩▩▩,
    erbarme dich unser.

15. Es ▩▩▩▩▩ ▩▩▩▩ der allmächtige Gott, der Vater, der
    Sohn und der Heilige Geist.

Hinweise: Die leicht veränderte Form der Texte kann dazu führen, wieder genauer auf die vielleicht allzu geläufigen Formulierungen zu achten und sich (wieder) über deren Bedeutung und Ursprünge Gedanken zu machen. Falls es sinnvoll erscheint, kann auch ein Messbuch, Sonntagsschott o.ä. zu Hilfe genommen werden.

II Eine Messe mit Fehlern

Bei den nachfolgenden Texten, die alle in der Messfeier vorkommen, ist einiges durcheinander geraten. Wer findet die Fehler?

1. Der Herr sei mit euch. – Und mit allen Menschen.

2. Ich bekenne Gott, dem Allmächtigen, und allen meinen Verwandten und Freunden, dass ich Gutes unterlassen und Böses getan habe.

3. Herr, erbarme dich (unser). Vater, erbarme dich (unser). Herr, erbarme dich (unser).

4. Ehre sei Gott in der Höhe und Freude auf Erden den Menschen seiner Gnade.

5. Evangelium unseres Herrn Jesus Christus. Lob sei dir, Vater.

6. Hoch, hoch, hoch unserm Gott, Herr aller Mächte und Gewalten …

7. Deine Geburt, o Herr, verkünden wir, und deine Auferstehung preisen wir, bis du kommst in Herrlichkeit.

8. Denn dein ist das Reich und die Macht und die Herrlichkeit in Ewigkeit. Amen.

9. Die Gnade des Herrn sei allezeit mit euch. – Und mit deinem Geiste. (Gebt einander ein Zeichen …)

10. Wort Gottes, du nimmst hinweg die Sünden der Welt.

11. Herr, ich bin nicht würdig, dass du zu mir kommst, aber sprich nur ein Wort, so werde ich wieder gesund.

12. Es segne euch der glorreiche Gott, der Vater und der Sohn und der Heilige Geist.

III Wer knackt die Nuss? (1)

Gesucht wird ein anderer Begriff für Eucharistie.
Und so findet man die Lösung: In jeder Antwort steckt ein Buch-
stabe des Lösungswortes. Welcher Buchstabe gesucht wird, ist
am Ende jeder Frage angegeben.

1. Bei der Gabenbereitung bringen die Ministranten als Gefäß für den Wein einen … *(erster Buchstabe)*

2. Das Gebet, das mit „Ehre sei Gott in der Höhe" beginnt, nennt man … *(dritter Buchstabe)*

3. Es gibt vier davon: nach Matthäus, Markus, Lukas und Johannes. *(letzter Buchstabe)*

4. Mit diesem Wort bekräftigen und beschließen wir unsere Gebete. Es bedeutet so viel wie: „Ja, so ist es". *(zweiter Buchstabe)*

5. Man nennt es das „Gebet des Herrn". Es wird in jedem Gottesdienst gesprochen und ist das bekannteste christliche Gebet überhaupt. *(sechster Buchstabe)*

6. Wie nennt man den Teil des Gottesdienstes, in dem der Lektor/die Lektorin aus dem Alten Testament, der Apostelgeschichte oder den Briefen des Neuen Testaments liest? *(fünfter Buchstabe)*

7. An Sonntagen wird nach dem Evangelium das Wort Gottes erklärt. Wie nennt man diesen Teil der Messe? *(fünfter Buchstabe)*

8. Ein bekanntes feierliches Kirchenlied beginnt mit: Großer Gott, wir … dich. Welches Wort fehlt? *(zweiter Buchstabe)*

9. Wie nennt man den Teil der Messe, in dem Brot und Wein zum Altar gebracht werden? *(fünfter Buchstabe)*

Lösungswort: ▢ ▢ ▢ ▢ ▢ ▢ ▢ ▢

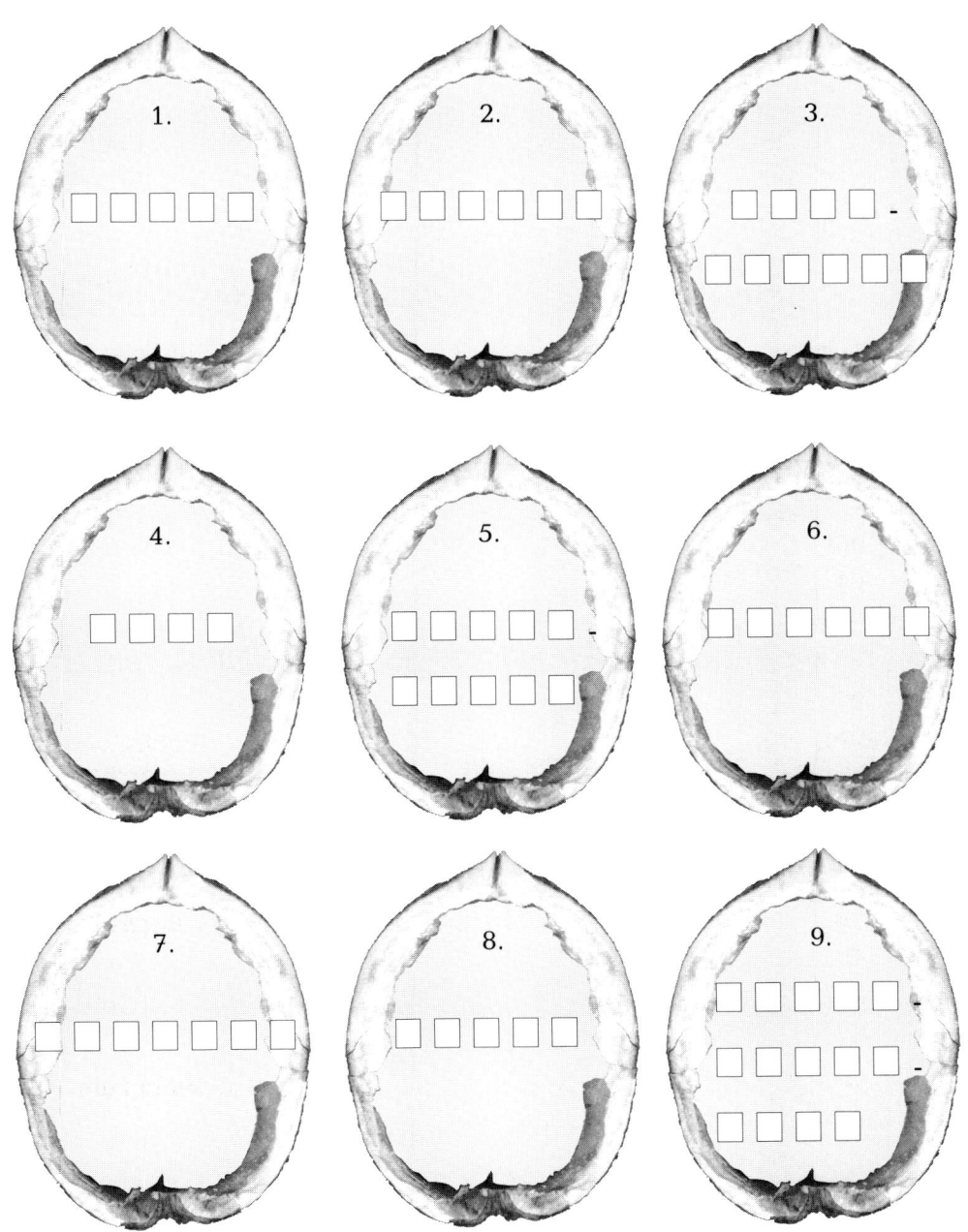

Hinweise: Das Spiel ist besonders geeignet für Ministranten- oder auch Erstkommunion- und Firmgruppen nach einer ersten Einführung in die Messe. Es ist einzeln oder besser in Gruppen zu verwenden. Wenn es mit mehreren Personen oder in Gruppen gespielt wird: Die beiden Seiten – eventuell vergrößert – nach Anzahl der Personen/Spielgruppen kopieren, die Teile auseinander schneiden und ungeordnet auf den Tisch legen oder – stark vergrößert – an die Pinnwand o.ä. heften.

Weitere Möglichkeit: Bei Verwendung in Ministrantenstunden kann noch eine zusätzliche Schwierigkeit eingebaut werden. Die Dienste der MinistrantInnen (s. S. 20)werden ebenfalls in das Spiel integriert und müssen dem Ablauf der Messe zugeordnet werden.

IV Die Messe – Wer kennt die richtige Reihenfolge?

Wer kann die verschiedenen Teile der Messfeier wieder in die richtige Reihenfolge bringen? (bitte nummerieren, oder: kopieren und ausschneiden)

Zweite Lesung	Gloria (Ehre sei Gott in der Höhe)
Schuldbekenntnis	*Wortgottesdienst*
Kyrie (Herr, erbarme dich)	Kommunionempfang
Fürbitten	Evangelium
Eucharistiefeier	Friedensgruß
	Entlassungsgruß
Einzug – Eingangs-/Eröffnungslied	Erste Lesung

18

Ruf vor dem Evangelium / Halleluja	*Das eucharistische Hochgebet* (Großes Lob- und Dankgebet)

(mit) Sanctus (Heilig, heilig, heilig)

Antwortgesang	Begrüßung
Gabengebet	Segen
Vaterunser	Glaubensbekenntnis
Tagesgebet	*Die Eröffnung*
Gabenbereitung	Predigt
Entlassung	(mit) Wandlung
Einladung zur Kommunion	Kommunionempfang
(mit) Präfation	Agnus Dei/Brotbrechung

Für Ministrantengruppen:

Wo üblich, schellen oder läuten die MessdienerInnen, wenn der Priester Brot und Wein emporhebt.

Je nach Anzahl der MinistrantInnen (feierlicher Einzug) in folgender Reihenfolge: WeihrauchträgerIn, MessdienerIn mit Vortragekreuz, LeuchterträgerInnen, AltardienerInnen, Priester; am Altar Kniebeuge (falls der Tabernakel in der Nähe des Altars ist) oder Verneigung (eventuell Beweihräucherung); MinistrantInnen gehen zu ihren Plätzen.

MessdienerInnen bringen leeren Kelch mit Korporale und Kelchtuch (breiten das Korporale aus, stellen den Kelch darauf). Messdiener oder Gläubige bringen Hostienschale mit Hostien; MessdienerIn Kännchen mit Wein und Wasser.
(Bei feierlichen Anlässen: Beweihräucherung der Gaben und des Altars)

Bei feierlichen Gottesdiensten: kleine Prozession zum Ambo. Zwei MinistrantInnen mit Leuchtern (und der/die WeihrauchträgerIn) begleiten Priester oder Diakon mit Evangeliar (Lektionar) zum Ambo.

Zur Händewaschung bringt ein/e MinistrantIn Wasserschale und Wasserkännchen und schüttet dem Priester etwas Wasser über die Hände; ein/e zweite/r bringt das Handtuch.

Zum Sanctus stellen sich die MinistrantInnen um den Altar, bei feierlichen Gottesdiensten eventuell mit Flambeaus.

Nach der Kommunion: MessdienerIn bringt das Wasserkännchen und gießt daraus Wasser zur Reinigung in den Kelch. Danach den Kelch und gegebenenfalls die leere Hostienschale zurück zur Kredenz bringen.

Beim Auszug gehen Priester und HelferInnen nach einer Kniebeuge in derselben Reihenfolge in die Sakristei zurück wie beim Einzug.

(Vor dem Vaterunser werden die Kerzen und eventuell das Rauchfass in die Sakristei zurückgebracht.)

20

1

Warum wird in den christlichen
Gemeinden von Anfang an
am Sonntag die hl. Messe gefeiert?

2

Wie heißen die vier
großen Hauptteile der Messe?

3

Bei welchen Teilen der Messe sitzen die
GottesdienstteilnehmerInnen?
Nenne drei Beispiele!

4

Wie ist die Reihenfolge des Einzugs,
wenn zwei MinistrantInnen Altardienst haben
und außerdem Weihrauch, Leuchter und
Vortragekreuz mitgeführt werden?

5

Wozu dienen Eröffnungslied und Begrüßung
zu Beginn des Gottesdienstes?

6

Warum beten wir Schuldbekenntnis und Kyrie?

7

Was heißt „Kyrie eleison, Christe eleison"
auf Deutsch?

8

An welcher Stelle der Messe wird das Gloria
gebetet oder gesungen?

9

Wie beginnt der deutsche Text des „Gloria"?

10

Wer trägt normalerweise während der Messe die
Lesung(en), wer das Evangelium vor?

11

Was antwortet die Gemeinde
auf den Ruf des Lektors/der Lektorin:
„Wort des lebendigen Gottes"?

12

Was ist der Höhepunkt
des Wortgottesdienstes?

13

An welchen drei Stellen der Messe
wird bei feierlichen Anlässen
üblicherweise Weihrauch gespendet?

14

Wie nennt man die Schriftauslegung
während des Gottesdienstes?

15

Wie heißt die lateinische Bezeichnung
für „Glaubensbekenntnis"?

16

Wie nennt man die Gebete, in denen besonders
an die Weltkirche, die Regierungen und
ihre Arbeit, die Menschen in Not und Bedrängnis
und an die eigene Gemeinde gedacht wird?

17

Mit welcher Handlung beginnt
die Eucharistiefeier?

18

Welche Gegenstände benötigt man
zur Händewaschung bei der Gabenbereitung?

19

Wie sieht der Ministrantendienst bei
der Händewaschung aus?

20

Kannst du drei Teile der Eucharistiefeier
nennen, die man zum eucharistischen
Hochgebet rechnet?

21

Was heißt das Wort „Sanctus" auf Deutsch?

22

Bei welcher Gelegenheit werden während
der Messe Gong oder Schellen bedient?

23

Was bedeutet es, wenn wir niederknien
oder eine Kniebeuge machen?

24

Wo haben die Worte der Wandlung
ihren Ursprung?

25

Was antworten wir auf den Ruf
„Geheimnis des Glaubens"?

26

An welchen Stellen der Messfeier werden
Leuchter bzw. Flambeaus und Rauchfass
nach Gebrauch zurückgebracht?

27

Mindestens zweimal wird während
der Messe vom Frieden gesprochen.
An welchen Stellen?

28

Von welchem Propheten, den man auch
den Vorläufer des Messias nennt, wird Jesus als
das Lamm Gottes bezeichnet, das die Sünden
der Welt hinwegnimmt?

29

Welche Bedeutung hat es, wenn wir uns
während des Gottesdienstes, zum Beispiel beim
Schuldbekenntnis oder vor der Kommunionaus-
teilung beim „Herr, ich bin nicht würdig …“,
an die Brust schlagen?

30

Warum nennen wir einen Teil
der Messfeier „Kommunion“?
Denke daran, was dieses Wort auf
Deutsch bedeutet!

31

Wie sieht der Dienst der Ministranten
nach der Kommunion aus?

32

Mit welchem Zeichen entlässt der
Priester die Gemeinde?

33

Wie lauten der Entlassruf und die Antwort
der Gemeinde am Schluss des Gottesdienstes?

Hinweise: Natürlich kann man auch versuchen, die fehlenden Begriffe ohne „Gotteslob" zu finden. In Gruppen, in denen das zu schwierig erscheint, und in Gemeinden, die einzelne der genannten Lieder nur selten singen, bieten sich folgende Varianten an:

a) Für jede Gruppe liegt ein „Gotteslob" bereit. Wer zuerst alle Begriffe eingesetzt hat, ist Sieger.

b) Ein oder zwei Exemplare des „Gotteslob" stehen zur Verfügung. Insgesamt gibt es 30 x 3 Punkte zu gewinnen. Für jeden Begriff, der anhand des Gebet- und Gesangbuches gefunden werden muss, wird ein Punkt abgezogen. Gewinner ist die Gruppe, die innerhalb einer vorgegebenen Zeit die meisten Punkte erreicht.

V Wer kennt sich mit den Kirchenliedern aus?

Wer kann bei den 30 Liedanfängen die fehlenden Wörter ergänzen? (ä, ü, ö usw. ist ein Buchstabe)

1. Allein Gott in der ▭▭▭ sei Ehr … (GL 457)

2. Christe, du ▭▭▭▭ ▭▭▭▭▭, der du trägst die Sünd der Welt … (GL 482)

3. Das ist der Tag, den Gott ▭▭▭▭▭▭▭, der Freud in alle Welt gebracht … (GL 220)

4. Der Geist des Herrn erfüllt das ▭▭ … (GL 249)

5. Es ist ein ▭▭▭ entsprungen … (GL 132)

6. Es kommt ein ▭▭▭▭▭, geladen … (GL 114)

7. Großer Gott, wir ▭▭▭▭▭▭ ▭▭▭▭ … (GL 257)

8. Heilig, heilig, heilig Gott, Herr aller Mächte und ▭▭▭▭▭▭▭▭. (GL 459)

9. Ihr ▭▭▭▭▭▭ Gottes allzugleich, verherrlicht hoch im Himmelreich … (GL 608)

10. Komm, Schöpfer ▭▭▭▭▭, kehr bei uns ein … (GL 245)

11. Kommt herbei, singt dem Herrn, ▭▭▭▭ ihm zu, der uns befreit. (GL 270)

12. Lobe den Herrn, den mächtigen ███████ der Ehren … (GL 258)

13. Macht hoch die ████, die Tor macht weit … (GL 107)

14. Maria, breit den ███████ aus, … (GL 595)

15. Meine Seele preist die ██████ des Herrn. (GL 689)

16. Nun ██████ all und bringet Ehr, … (GL 267)

17. Nun danket alle Gott, mit ██████, Mund und Händen. (GL 266)

18. Nun freut euch, ihr ████████, singet Jubellieder … (GL 143)

19. Nun singe ████, du Christenheit, dem Vater, Sohn und Geist … (GL 638)

20. O Haupt voll Blut und ███████ … (GL 179)

21. O Heiland, reiß die ██████ auf … (GL 105)

22. Sonne der █████████████, gehe auf zu unsrer Zeit … (GL 644)

23. „Wachet auf", ruft uns die ██████ … (GL 110)

24. Wer leben will wie Gott auf dieser Erde, muss sterben wie ein █████████ … (GL 183)

25. Wer nur den lieben Gott lässt walten und ██████ auf ihn allezeit … (GL 295)

26. Wie schön leuchtet der ████████████, voll Gnad und Wahrheit von dem Herrn … (GL 554)

27. Wir ██████ der Erde Gaben dir, Vater, Brot und Wein … (GL 480)

28. Wir sagen euch an den ██████ Advent. (GL 115)

29. Wir sind nur █████ auf Erden … (GL 656)

30. Zu Betlehem ███████ ist uns ein Kindelein … (GL 140)

VI Was ist richtig? – Die Messfeier

Bitte ankreuzen; mehrere Antworten sind möglich

1. *Welche Teile gehören zum Wortgottesdienst?*
   a) die Lesungen
   b) die Predigt
   c) das Hochgebet
   d) das Glaubensbekenntnis
   e) das Vaterunser

2. *Wie ist der griechische Name für „Herr, erbarme dich"?*
   a) Pater noster …
   b) Kyrie eleison …
   c) Credo in unum Deum …

3. *Der Beginn des Gloria*
   a) steht als Gesang der Engel auf dem Hirtenfeld bereits in der Bibel (vgl. Lk 2)
   b) ist ein Psalmtext aus dem Alten Testament
   c) ist ein Gebet, das Jesus mit seinen Jüngern betete

4. *Die erste Lesung*
   a) ist immer dem Alten Testament entnommen
   b) enthält nur Texte aus der Apostelgeschichte
   c) kann Texte aus dem Alten Testament oder der Apostelgeschichte enthalten

5. *Die Lesungen*
   a) wiederholen sich an den Sonntagen in der Regel im Rhythmus von drei Jahren
   b) wiederholen sich jedes Jahr
   c) wiederholen sich werktags alle zwei Jahre

6. *Wer gehört zu den vier Evangelisten?*
   a) Markus
   b) Johannes
   c) Petrus
   d) Lukas
   e) Paulus

7. *Welche der folgenden Teile der hl. Messe gehören zur Eucharistiefeier?*
   a) Agnus Dei
   b) Gabenbereitung
   c) Kyrie
   d) Gloria
   e) Sanctus

8. *Welche Handlung gehört nicht zur Gabenbereitung?*
   a) Kelch und Hostienschale werden zum Altar gebracht
   b) Wein- und Wasserkännchen werden zur Händewaschung angereicht
   c) Das Sanctus wird gebetet oder gesungen
   d) Dem Priester wird das Lavabotuch gereicht
   e) Der Priester spricht das Gabengebet

9. *Lamm Gottes*
   a) wurde Jesus von Johannes dem Täufer genannt
   b) ist auch ein Hinweis auf die einjährigen Lämmer, die von den Israeliten vor ihrem Auszug aus Ägypten geschlachtet wurden
   c) wurde Jesus von seinem Lieblingsjünger Johannes genannt, als er ihn am Kreuz sah
   d) heißt auf Lateinisch: Agnus Dei

VII Wer weiß Bescheid über die Messfeier und kennt sich auch ein wenig im Kirchenjahr aus?

Beim Eintragen der richtigen Begriffe ergibt die senkrecht mar-kierte Zeile einen liturgischen Gegenstand, der – zusammen mit einem zweiten – besonders bei feierlichen Gottesdiensten ver-wendet wird. (ä = ae; ü = ue)

1. So nennt man die Woche vor Ostern.
2. Name für das gemeinsame liturgische Gehen (beispielsweise vielerorts an Fronleichnam).
3. Die vierzig Tage vor Ostern.
4. Ein liturgisches Gefäß, das die Hostien oder den Wein enthält.
5. Auf Deutsch beginnt es: Herr, erbarme dich ...
6. Der lateinische Anfang eines Lobliedes, das die Engel auf den Feldern von Betlehem sangen.
7. Auch ein lateinischer Name. Wir sprechen das Gebet vor dem Kommunionempfang. Johannes der Täufer nannte Jesus so.
8. Eine Reinigungshandlung vor der Gabenbereitung. Hier sind die MinistrantInnen besonders gefragt.
9. So nennt man den zweiten großen Hauptteil der Messe, dessen Höhepunkt das Hochgebet mit den Wandlungsworten ist.
10. Sie werden häufig vom Lektor oder von der Lektorin vorgetra-gen. In ihnen kommen die Anliegen der Gemeinde zum Aus-druck.
11. So nennt man den Aufbewahrungsraum für die liturgischen Geräte und Gewänder; es ist das „Reich" des Küsters/Mesners.
12. Der Name für den Teil der Messe, in dem das Wort Gottes im Mittelpunkt steht.
13. Zum Schluss nochmals ein lateinischer Name: Er benennt ei-nen Teil des eucharistischen Hochgebetes; auf Deutsch beginnt es: Heilig, heilig, heilig ...

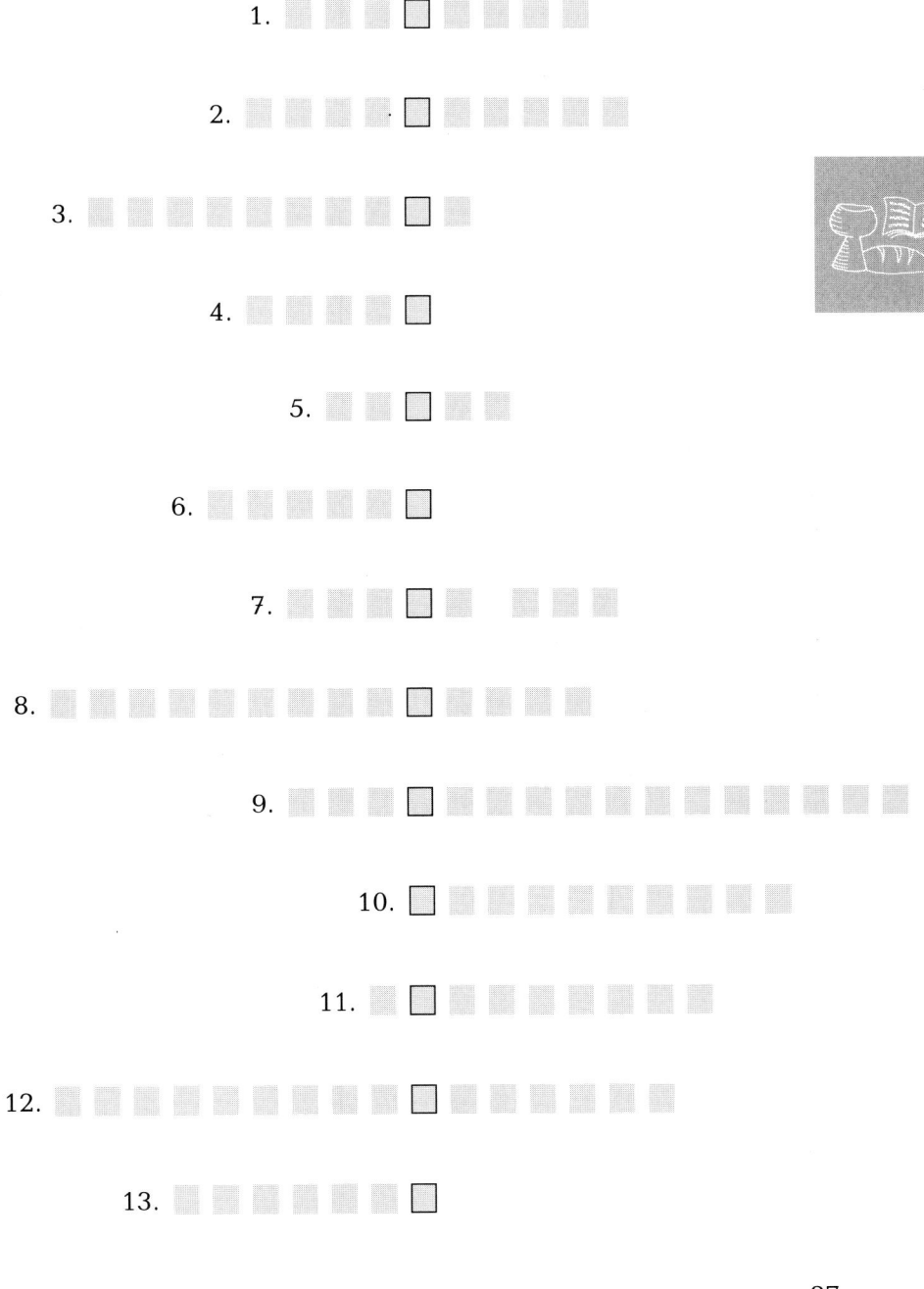

Wortgottesdienste und gemeinsame Gebete

34

Welche verschiedenen Gottesdienstformen
und gemeinsamen Gebete kennst du außer der
Messfeier? Nenne mindestens vier!

35

Woher kommt wohl der Name
„Stundengebet"?

36

Zu welcher Tageszeit werden jeweils
Laudes und Vesper gebetet oder gesungen?

37

Bei welcher Gebetszeit des Stundengebets
wird das Magnificat (= Lobgesang Mariens)
gesprochen oder gesungen?

38

Wann wird die Komplet gesungen
oder gebetet?

39

Aus welchem Buch der Bibel stammen
die meisten Texte des Stundengebets?

40

In welchen Monaten wird Maria
besonders verehrt?

41

Wie nennt man die Andachtsform,
bei der in besonderer Weise
des Leidens Christi gedacht wird?

42

Welches Gebet wird beim Rosenkranz
vor allem gesprochen?

Sakramente und Sakramentalien

VIII Kennst du dich mit den Sakramenten aus?

Bitte ankreuzen; mehrere Antworten sind möglich

1. *In der katholischen Kirche sprechen wir von*
   a) fünf Sakramenten
   b) sieben Sakramenten
   c) acht Sakramenten
   d) zwei Sakramenten

2. *Zu den Sakramenten gehören*
   a) die Taufe
   b) die Firmung
   c) die Weihe (Diakonen-, Priester-, Bischofsweihe)
   d) die Feier des Begräbnisses
   e) die Eucharistie

3. *Sakramentalien sind*
   a) Sakramente, die mehrmals empfangen werden können, wie
      die Buße/Beichte oder die Kommunion
   b) sakramentenähnliche Handlungen, die man aber nicht zu
      den Sakramenten im engeren Sinne zählt, zum Beispiel Seg-
      nungen von Gegenständen

4. *Zur Feier der Taufe gehört*
   a) Wasser
   b) das Taufkleid
   c) ein kleines Kreuz zum Umhängen
   d) Chrisam
   e) die Taufkerze

5. *Welche der folgenden liturgischen Handlungen gehören zur Feier der Taufe?*
    a) Bezeichnung mit einem Kreuz
    b) Übergabe einer Bibel
    c) Salbung mit Chrisam
    d) Übergabe einer Osterkerze

6. *Bei der Firmung ist die liturgische Farbe*
    a) Weiß
    b) Gold
    c) Rot

7. *Bei der Firmung salbt der Firmspender den Firmling*
    a) mit Chrisam
    b) mit Katechumenenöl
    c) mit Firmöl

8. *Der Feier der Trauung kann vorstehen*
    a) ein Priester
    b) ein Gemeindereferent
    c) ein Diakon
    d) ein Bischof

9. *Bei der kirchlichen Begräbnisfeier können MinistrantInnen folgende liturgische Geräte mitführen*
    a) Vortragekreuz
    b) Aspergill und Weihwasserkessel
    c) Erstkommunionkerze
    d) Osterkerze

43

Welches sind die sieben Sakramente,
die wir in der katholischen Kirche feiern?

44

Was sind Sakramentalien?

45

Welches Sakrament nimmt uns in
die Gemeinschaft der Christen auf?

46

Mit welchen Worten und mit welcher
Geste wird die Taufe vollzogen?

47

Wer darf das Sakrament der Taufe spenden?

48

Woran wird die Taufkerze entzündet?

49

Welche Bedeutung hat die Taufkerze?

50

Bei welchen Sakramenten salbt
der Zelebrant den Empfänger/die Empfängerin
mit Chrisam? Nenne zwei davon.

51

Was haben die Ministrantinnen und
Ministranten während der Trauung
bei der Segnung der Ringe zu tun?

52

Wie nennt man das Sakrament,
das schwer kranken Menschen Stärke
und Trost schenken soll?

53

Warum brennt bei der Messfeier
für die Verstorbenen die Osterkerze?

54

Welche liturgischen Farben sind
bei der Trauerfeier vorgesehen?

Die liturgischen Geräte
Der Kirchenraum

▶ **Hinweis:** Hier kann als Hilfe angegeben werden, dass an elf Stellen Fehler eingebaut wurden.

IX Christoph erhält eine besondere Kirchenführung

Als Ricarda wieder einmal mit Christoph von der Schule nach Hause ging, erzählte sie ihm, dass sie nun in einer Ministrantengruppe sei und in drei Monaten auch „offiziell" als Ministrantin aufgenommen würde.

Sie staunte nicht schlecht, als Christoph sie fragte, was das sei – „Ministrantin". Und als Ricarda ihm erklärte, dass sie dann bei der Messe am Altar stehen würde und bestimmte Aufgaben zu erledigen hätte, merkte sie, dass Christoph offenbar überhaupt keine Ahnung hatte, wovon sie redete. Es stellte sich heraus: Christoph war nicht getauft und hatte keinen blassen Schimmer, was es mit Altar, Messe usw. auf sich hatte. Aber interessieren, ja interessieren täte es ihn eigentlich schon, meinte er. Ab und zu besichtigten seine Eltern mit ihm im Urlaub auch einmal eine berühmte Kirche – und er hörte viel über die Künstler, die an ihr gearbeitet hatten, und die Zeit, aus der das Gebäude und die Kunstwerke stammten. Aber zum Beispiel, warum es in ihrer Mitte einen großen Stein gab, der mit einem weißen Tischtuch versehen war, und in dessen Nähe einige schöne Stühle oder Sitze standen, wusste er nicht. Und bei den Besichtigungsfahrten blieb einfach keine Zeit für Fragen – meist mussten sie rasch zur nächsten Sehenswürdigkeit.

Für Ricarda war es klar. Sie würde Christoph „ihre" Kirche zeigen. Zwar war diese nicht berühmt, und es gab auch keine wertvollen Kunstwerke, aber sie wollte ihm erzählen, was sie bisher aus der Erstkommunionvorbereitung, dem Religionsunterricht und vor allem jetzt aus den Ministrantenstunden über ihre Kirche und die Verwendung der Gegenstände wusste.

Sie verabredeten sich für den nächsten Tag. Um drei Uhr wollten sie sich vor der Pfarrkirche treffen.

„Unsere Kirche heißt ‚St. Peter und Paul‘ ", beginnt Ricarda und zeigt auf die beiden Heiligenfiguren. „Hier ist der heilige Petrus mit dem Schwert dargestellt und einem Buch, weil er viele schlaue Briefe geschrieben hat. Er wurde wegen seines Glaubens von den Römern getötet, und zwar mit dem Schwert, weil er ein römischer Bürger war. Paulus hingegen siehst du hier mit einem nach unten gerichteten Kreuz und einem Schlüssel. Es zeigt, dass er der Erste der Apostel war – er hatte die ‚Schlüsselgewalt‘ – und dass er am Kreuz hingerichtet wurde.

Auch hier vorne siehst du eine Art steinernen Tisch mit einem weißen Tuch. Diesen Tisch nennt man Altar. So ähnlich wie der Opferaltar in alten Kulturen. Vielleicht weil Jesus für uns gestorben ist, sich für uns geopfert hat. Aber das ist alles ziemlich schwer zu verstehen. Auf jeden Fall sagt mein Vater manchmal statt ‚Messe‘ auch Messopfer. Auf der anderen Seite sieht der Altar aus wie ein Tisch, und irgendwie ist es ja auch wie ein gemeinsames festliches Essen. Wir erinnern uns dabei an das Morgenmahl Jesu. Der Altar ist der eigentliche Mittelpunkt des ganzen Raumes. Bänke oder in anderen Kirchen auch Stühle sind in seine Richtung gestellt, siehst du? Den vorderen Bereich der Kirche um den Altar herum nennt man auch Altarraum. Neben dem Priester, der mit der Gemeinde die Messe feiert, sind wir Messdienerinnen und Messdiener hier vorne.

Außerdem siehst du auch eine Art Lesepult. Man sagt dazu Amboss. Hier wird aus der Bibel vorgelesen. Frauen und Männer aus der Gemeinde kommen nach vorne und lesen hier einen Abschnitt aus dem Alten Testament oder Briefe, etwa die von Paulus oder Franziskus – das ist auch ein großer Heiliger. Dazwischen kommt bei uns eine Frau und singt im Wechsel mit den anderen Leuten Verse aus der Bibel oder ein Halleluja. Sie ist eine Lektorin. Dann liest der Pfarrer das Evangelium vor. Evangelium, so haben wir gerade gelernt, heißt so viel wie Danksagung. Es gibt fünf davon in der Bibel. Wir sagen Evangelium nach Matthäus, Markus, Lukas, Johannes und Petrus. Danach erklärt uns der Pfarrer in einer Ansprache, was das, was wir gehört haben, bedeutet. "

„Das erinnert mich ein bisschen an die Schule", meint Christoph skeptisch.

„Ja, da hast du schon Recht, aber manchmal gibt es besondere Gottesdienste für uns Kids. Da wird oft eine Geschichte erzählt, oder wir dürfen etwas vorspielen. Manchmal, allerdings ganz selten, gibt es sogar Jugendgottesdienste mit einer richtigen Band.

Zum zweiten Teil des Gottesdienstes gehen der Pfarrer und wir Ministranten zum Altar. Wir bringen dann alles, was nun gebraucht wird, von einem Tischchen links an der Wand zum Altar: Wasser und Wein in kleinen Kännchen und ein kleines Handtuch, man nennt es auch Kelchtuch, für die Händewaschung. Dann bringen wir kleine weiße Scheiben, das ist das Brot, in schönen Gefäßen. Bei uns sind sie sogar aus echtem Gold gemacht."

„Das hört sich ja richtig feierlich an", sagt Christoph. „Ja, da freue ich mich auch schon darauf, wenn ich dies alles bald zum Altar tragen darf", sagt Ricarda. „Zum Gefäß für den Wein sagt man übrigens Kelch, wie zu einem Weinglas.

Hast du nicht einmal Lust, mit zu einer Messfeier zu kommen?", fragt plötzlich Ricarda, „vielleicht wenn ich das erste Mal dienen darf?"

„Ja, da hätte ich schon Lust dazu", meint Christoph, „sagst du mir Bescheid? Dann drücke ich dir auch die Daumen, dass alles klappt."

„Super, Christoph, doch wenn wir jetzt rausgehen, schau noch mal an die Wände. Siehst du die vielen Bilder dort? Sie erzählen, wie Jesus gelitten hat und dann gekreuzigt wurde. Man sagt dazu Kreuzwegstationen."

„Und die kleinen Kreuze und Lichtchen?", fragt Christoph.

„Oh, gut, dass du mich das heute fragst", sagt Ricarda. Ich wusste es bisher auch nicht. Wir haben es erst vor kurzem gelernt. Man nennt sie Apostelleuchter und Apostelkreuze: Sie erinnern an die Weihe der Kirche und an die Apostel als ‚tragende Säulen der Kirche', so hat uns der Pfarrer erklärt. Dementsprechend gibt es 14 davon.

„Hier ist noch das Bild einer jungen Frau", fällt Christoph auf.

„Das ist Elisabeth, die Mutter Jesu", erklärt Ricarda.

Als sie wieder auf der Straße stehen, sagt Ricarda: „Ach, jetzt habe ich doch noch vergessen, dir etwas zu zeigen. Hast du das rote Licht gesehen, das vorne im Altarraum in der Nähe des goldenen Türchens hing?"

„Ja, klar, was ist damit?", fragt Christoph.

„Das Licht nennt man ‚Ewiges Licht‘, weil es sozusagen immer und ewig brennt; das kleine Türchen gehört zu einer Art Tresor. Darin wird das heilige Brot nach der Messe aufbewahrt. Man nennt ihn Monstranz."

„Jetzt raucht mir doch ziemlich der Kopf", meint Christoph. „Weißt du, das war jetzt alles total neu für mich. Aber irgendwie interessant, mal zu wissen, was das alles zu bedeuten hat. Toll, dass du mir alles erklärt hast."

Ja, Ricarda hat sich wirklich mit ihrer Kirchenführung Mühe gegeben. Aber ihr sind doch einige Fehler unterlaufen. Wer findet die Fehler?

55

In jedem katholischen Gottesdienstraum
gibt es einen meist kunstvoll verzierten,
tresorartigen Behälter.
Welchen Namen hat er und wozu dient er?

56

Wozu dient die Monstranz?

57

Welchen Gegenstand im Kirchenraum
bezeichnet man auch als „Tisch des Wortes"?
(Für alle, die den Begriff noch nicht gehört haben:
Von welcher Stelle aus werden Lesung[en]
und Evangelium verkündet und in der
Predigt ausgelegt?)

58

Von welcher Stelle des Kirchenraums
aus feiert der Priester mit der Gemeinde
die Eucharistie?

59

Wie nennt man das meist rote Licht, das uns in
der Kirche auf die Gegenwart Christi
in der Eucharistie hinweisen will?

60

Was ist das Korporale und wozu dient es?

61

Was ist das Lavabotuch?

62

Was heißt „inzensieren"?

63

Was muss in der Sakristei zur
Weihrauchspendung vorbereitet werden?

64

Wie kam es wohl zur Namensgebung
„Schiffchen" und wozu dient es?

65

Nenne mindestens drei Gelegenheiten,
bei denen Weihrauch verwendet werden kann.

66

Wozu dient das Aspergill?

X Als Markus plötzlich Küster wurde

Herr Meyer am anderen Ende der Leitung hatte den Hörer schon längst aufgelegt, aber Markus hielt seinen noch immer ungläubig in der Hand, so, als könne er nicht glauben, was er gerade gehört hatte.

Herr Meyer oder Weihrauch-Meyer, wie ihn die Ministrantinnen und Ministranten von St. Bonifatius scherzhaft nannten, weil er so gerne Weihrauch verwendete, hatte ihn gerade gebeten oder eigentlich abkommandiert, heute seinen Dienst als Küster zu übernehmen. Markus klang es noch in den Ohren, was Weihrauch-Meyer ihm mit seiner von Grippe heiseren Stimme alles sicherheitshalber wiederholt hatte. Aber trotzdem, Markus war es ganz schön mulmig, schließlich war er noch gar nicht so lange Ministrant – und jetzt sollte er sogar Weihrauch-Meyer vertreten. Aber auf der anderen Seite war er auch ganz schön stolz. Hoffentlich würde er alles richtig machen.

Markus flitzte los, damit er pünktlich eine halbe Stunde vor dem Gottesdienst in der kleinen alten Kirche war, um zu ▮▮▮▮▮ .

Dann schaute er schnell im Direktorium nach. Er wusste, darin kann man nachlesen, welcher Sonntag im Jahreskreis bzw. welches Fest gefeiert wird, und auch, welche liturgische F▮▮▮▮ vorgesehen ist.

Markus kannte sich in der S▮▮▮▮▮▮i schon ganz gut aus, so wusste er genau, wo die A▮▮e und das M▮▮▮▮ - ▮▮▮d hingen. Er legte sie dem Pfarrer auf den A▮k▮▮ -d▮ tisch, darüber die S▮▮a.

Doch jetzt wurde es Zeit, die K▮▮▮▮▮ für die Bereitung der Gaben herzurichten. Zuerst holte Markus den Speisekelch aus dem safeartigen Schrank, Weihrauch-Meyer sagte meistens dazu die H▮▮▮▮ sch▮▮, dann den Kelch für den W▮▮▮. Markus atmete auf, als er die angebrochene Flasche W▮▮ sah. – Das mit dem Flaschenöffnen hatte er noch nicht so gut drauf. Die H▮▮▮▮ legte er ein, Küster Meyer hatte ihm gesagt, wie viele seiner Meinung nach benötigt würden, und auch eine größere für den Priester.

Er stellte das Tablett mit den W▮▮▮ - und W▮▮▮▮ -

60

k ___ hin, dazu legte er das kleine L ___ v ___ -
___ h für die Händewaschung.
Doch jetzt wurde es kompliziert. Markus sah im Geist die vielen
verschiedenen kleinen Tücher vor sich. Wie war das noch einmal?
Verflixt, er hatte es schon so oft gesehen, aber wenn er jetzt an all
die recht ähnlichen Formen und Größen dachte. Aber, Gott sei Dank,
hatte der Küster die Schubladen, die die einzelnen Tücher enthiel-
ten, beschriftet. So konnte Markus nichts falsch machen.
Auf den Kelch legte er das K ___ h; darauf, so war es
in seiner Gemeinde üblich, die Palla, dann das Kelchvelum. Zu-
letzt kam obenauf eine kleine Burse mit dem K ___ p ___ e.
So, Markus atmete auf, das war geschafft.
Die Turmuhr schlug gerade ein Viertel vor zehn. Jetzt schnell wieder die ___ anstellen, und dann die Kerzen entzün-
den.
Auch das ___ f ___ ist noch einzuschalten.
Mittlerweile saßen die ersten Leute in den Bänken; auch den
Pfarrer, der bereits im Nachbarort eine Messe gefeiert hatte, sah
er von der Straße her schon Richtung S ___ ein-
biegen.
„Hallo, Markus, toll, du hast ja schon alles vorbereitet – und richtig
profimäßig. Vielen Dank, dass du für unseren Küster eingesprun-
gen bist", lobte er ihn. Markus ist das irgendwie peinlich, aber er
ist auch ein wenig stolz – und vor allem froh, als er in seine
Ministrantenalbe schlüpfen konnte und nichts anderes mehr war
als ein ganz „gewöhnlicher Ministrant". – Nur als sie dann zu zweit
bei der ___ mit den Kelchen am Al-
tar standen, war die Spannung wieder für einen kleinen Moment
da.

*Aufgabe: Wer kann die fehlenden Buchstaben und Wörter ergän-
zen? (ä, ö, ü usw. = ein Buchstabe)*

Die liturgischen Gewänder
Die liturgischen Farben

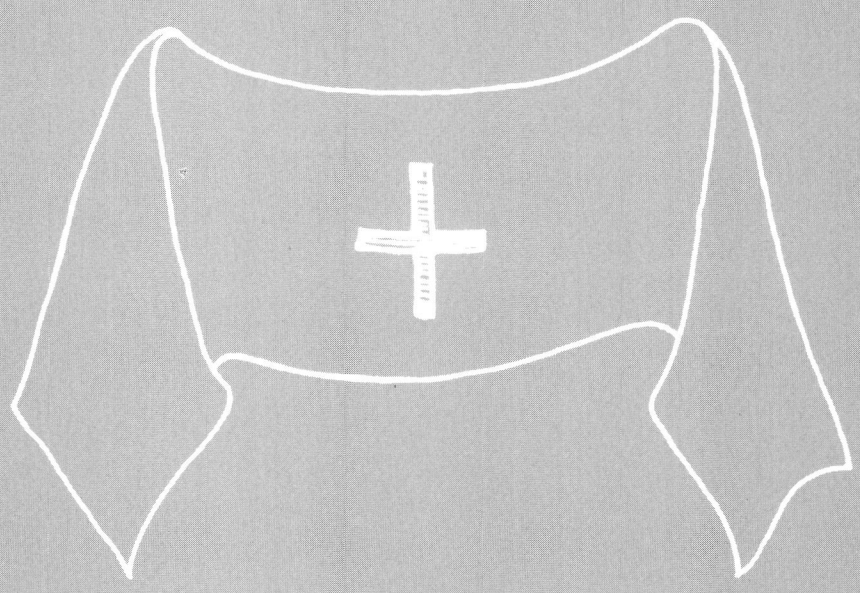

XI Was ist richtig? – Wer weiß Bescheid über liturgische Gewänder und Farben und kennt sich auch ein wenig bei den Büchern und Geräten aus?

Bitte ankreuzen; mehrere Antworten sind möglich

1. *Die Stola*
   a) ist das Amtszeichen des Priesters
   b) ist das Amtszeichen des Diakons
   c) ist ein meist aus besonders wertvollen Stoffen hergestelltes Kleidungsstück für Frauen
   d) ist ein unterirdischer Gang für Bergleute

2. *Die Albe*
   a) ist ein (Jura-)Gebirge
   b) ist ein weißes liturgisches Grundgewand
   c) ist ein Gewand, das der Diakon trägt

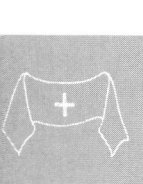

3. *Das Schultertuch*
   a) wird von den Fahnenträgern bei Umzügen und Prozessionen verwendet
   b) dient dem Schutz der liturgischen Gewänder
   c) wird unter dem Messgewand getragen
   d) ist in schwarzer Farbe, da schmutzunempfindlicher

4. *Die Kredenz ist*
   a) ein kleiner Tisch, auf dem die liturgischen Geräte bereitgestellt werden
   b) eine Karaffe mit Wein oder einem anderen Getränk, die für Gäste bereitsteht
   c) die Bezeichnung für das Tablett mit Wasser- und Weinkännchen für die Gabenbereitung

5. *Das Lavabotuch*
   a) ist ein kleines Handtuch
   b) nennt man auf Deutsch auch Kelchtuch
   c) benutzt der Priester beim Erheben der Monstranz

6. *Im Lektionar des entsprechenden Tages findet man*
   a) die alttestamentliche und neutestamentliche Lesung
   b) das Evangelium
   c) den Text des Antwortgesangs
   d) den Hallelujavers

7. *Das Evangeliar*
   a) enthält die Evangelien der drei Lesejahre
   b) enthält die Evangelien für jeweils ein Lesejahr
   c) wird häufig in einer feierlichen Prozession zum Ambo getragen

8. *Das Benediktionale*
   a) ist der Lobgesang des greisen Simeon nach dem Lukasevangelium, Kapitel 2
   b) ist ein Teil des Stundengebets
   c) ist ein liturgisches Buch mit Gebeten für Segnungen und Weihen

9. *Lunula*
   a) heißt übersetzt so viel wie kleiner Mond oder Möndchen
   b) ist eine kleine Dose, die man für die Krankenkommunion verwendet
   c) ist ein Halter, den man in die Monstranz einfügen kann
   d) wird in der Custodia im Tabernakel aufbewahrt

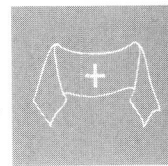

10. *Chrisam wird verwendet*
    a) bei der Taufe
    b) bei der Firmung
    c) bei der Eheschließung
    d) bei der Priesterweihe

11. *Katechumenenöl*
    a) wird bei der Tauffeier verwendet
    b) wird dem Firmling vor der Firmung in einer eigenen Feier aufgelegt
    c) wird bei der Priesterweihe verwendet

12. *Rot als liturgische Farbe trägt der Priester*
   a) an Pfingsten
   b) an Karfreitag
   c) bei Märtyrerfesten
   d) bei der Eheschließung

13. *Weiß als liturgische Farbe ist vorgesehen*
   a) in der Weihnachtszeit
   b) in der Osternacht
   c) bei der Messfeier für Verstorbene

14. *Violett ist als liturgische Farbe vorgesehen*
   a) bei der Messfeier für Verstorbene
   b) im Advent
   c) in der Fastenzeit/österlichen Bußzeit
   d) am Karfreitag

15. *Grün ist die liturgische Farbe*
   a) an Werktagen im Jahreskreis mit Ausnahme besonderer Festtage
   b) an den Sonntagen im Jahreskreis
   c) an Marienfesten

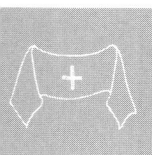

16. *Bei der Messfeier für Verstorbene*
   a) ist Weiß als Zeichen der Auferstehung die vorgesehene liturgische Farbe
   b) kann Violett getragen werden
   c) muss immer Schwarz getragen werden

17. *Bei Marienfesten*
   a) ist Weiß als liturgische Farbe vorgesehen
   b) ist Grün als Farbe der Hoffnung vorgesehen
   c) kann Blau als Farbe Mariens getragen werden
   d) ist ein goldbesticktes Messgewand Vorschrift

18. *Gold*
   a) kann bei allen festlichen Gottesdiensten getragen werden, um den feierlichen Charakter zu unterstreichen
   b) ist keine liturgische Farbe
   c) ist bei Marienfesten, an Ostern und Weihnachten als liturgische Farbe vorgeschrieben

67

Wie nennt man das weiße Gewand,
das der Priester bei der Messfeier, aber auch
bei anderen liturgischen Feiern trägt?

68

Wie heißt der schmale Schal, man
kann auch sagen die Schärpe, die als
Amtszeichen des Priesters gilt?

69

Was ist ein Zingulum?

70

Bei welchen Gelegenheiten
wird ein Chormantel
(Rauchmantel oder Vespermantel) getragen?

71

Was ist das Amtszeichen des Diakons?

72

Wie kann man das Schultervelum beschreiben?

73

Wozu benötigt man das Velum?

74

Welches sind die fünf liturgischen Farben?

75

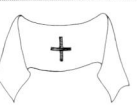

Zu welchen Zeiten des Kirchenjahrs
und an welchen Festen trägt der Priester
ein weißes Messgewand?

76

Wann ist Grün die liturgische Farbe?

77

Bei welchen Festen sind Messgewand
und Stola (und Kelchvelum) rot?

78

Welche Bedeutung hat die
violette Farbe in der Liturgie?

Die liturgischen Bücher
Die Bibel

▶ **Hinweise:** Hier kann jeder gegen jeden spielen oder in Gruppen gespielt werden. Möglich ist auch diese Variante: Wer zuerst fertig ist, bekommt Bonuspunkte.

Alternative: Natürlich kann man als Hilfe noch die Bibelstellen mitangeben, die im Lösungsteil genannt sind. Schwieriger ist es, die TeilnehmerInnen selbst die entsprechenden Stellen in der Bibel suchen zu lassen.

Sinnvoll ist es, das Spiel zum Anlass zu nehmen, den einen oder anderen Text gemeinsam zu lesen (z.B. bei Fragen, die nur wenige richtig beantwortet haben).

XII Wer kennt sich in der Bibel aus?

Sieger ist, wer die meisten Punkte sammeln kann.
Höchstpunktzahl (ohne Bonuspunkte): a) 100
b) 150

a) Aus dem Alten/Ersten Testament:

1. *Die ersten Menschen tragen in der Bibel die Namen*
   a) Adam und Eva
   b) Kain und Abel
   c) Maria und Josef
   (5 Punkte)

2. *Der Sohn Abrahams hieß:*
   a) Noach
   b) Isaak
   c) Jakob
   (10 Punkte)

3. *Die verschiedenen Stämme Israels gehen, so sagt die Bibel, auf die Söhne Jakobs zurück. Man spricht deshalb von den*
   a) vierzehn Stämmen Israels
   b) zehn Stämmen Israels
   c) zwölf Stämmen Israels
   d) vierzig Stämmen Israels
   (10 Punkte)

4. *Der Lieblingssohn Jakobs wurde von seinen eifersüchtigen Brüdern verkauft und gelangte so nach Ägypten. Wie hieß er?*

    a) Josef
    b) Juda
    c) Benjamin
(10 Punkte)

5. *Das Volk Israel musste in Ägypten Sklavenarbeit verrichten und
wurde unterdrückt. Gott hatte Mitleid mit seinem Volk und er-
wählte einen Mann, der es in das Gelobte Land führen sollte. Er
hieß*
    a) Josua
    b) David
    c) Mose
    d) Elija
(5 Punkte)

6. *Wie hieß das süße und körnige, brotartige Nahrungsmittel, das
Gott seinem Volk in der Wüste vom Himmel regnen ließ?*
    a) Met
    b) Manna
    c) Matzen
(5 Punkte)

7. *Wie hieß der Berg, auf dem Mose die Gebote Gottes emp-
fing?*
    a) Acharat
    b) Tabor
    c) Sinai
(10 Punkte)

8. *Wie viele Gebote sollte Mose seinem Volk überbringen?*
    a) 15 Gebote
    b) 3 Gebote
    c) 10 Gebote
(5 Punkte)

9. *Als Mose vom Berg der Gesetzgebung zurückkam, hatten sich die Israeliten von Gott abgewandt und tanzten um ein aus Gold hergestelltes Tier, das sie nun verehren wollten. Es handelte sich dabei um*
   a) eine Katze
   b) ein Kalb
   c) ein Lamm
   d) eine Schlange
   (10 Punkte)

10. *Er war ein großer König Israels, aber eigentlich zunächst ein kleiner Schafhirte. Man stellt ihn oft mit einer Harfe dar oder mit einer Schleuder, mit der er den großen Goliat im Kampf besiegte. Sein Name war*
   a) Salomon
   b) Saul
   c) Samuel
   d) David
   (10 Punkte)

11. *Wie nennt man das Buch in der Bibel, in dem 150 Lieder enthalten sind? Einige davon werden bis heute in der Vesper gebetet oder gesungen.*
   a) Klagelieder
   b) Psalmen
   c) Hohelied der Liebe
   (10 Punkte)

12. *Er verbrachte drei Tage im Bauch eines großen Fisches:*
   a) Elija
   b) Noach
   c) Jona
   (10 Punkte)

b) Aus dem Zweiten/Neuen Testament

13. *Wie viele einzelne Bücher sind im Zweiten/Neuen Testament zusammengefasst?*
    a) 48
    b) 27
    c) 15
    (10 Punkte)

14. *Nach welchen Personen sind die vier Evangelien benannt?*
    a) Matthäus, Johannes, Lukas, Markus
    b) Paulus, Lukas, Markus, Matthäus
    c) Johannes, Matthäus, Petrus, Lukas
    d) Matthäus, Johannes, Petrus, Paulus
    (5 Punkte)

15. *Welche der Briefe findet man alle in der Bibel?*
    a) Römerbrief, 1. und 2. Korintherbrief, Titusbrief, Lukasbrief
    b) Philipperbrief, 1. und 2. Petrusbrief, 1. und 2. Epheserbrief
    c) 1. und 2. Thessalonicherbrief, Kolosserbrief, Galaterbrief, Hebräerbrief
    (10 Punkte)

16. *Welche beiden Evangelien schildern die Geburt Jesu?*
    a) Matthäus- und Lukasevangelium
    b) Matthäus- und Markusevangelium
    c) Markus- und Johannesevangelium
    (10 Punkte)

17. *Man nennt ihn den Vorläufer Jesu. In der Bibel wird er so beschrieben: Er trug ein Gewand aus Kamelhaaren und um seine Hüften einen ledernen Gürtel; seine Nahrung waren Heuschrecken und wilder Honig. Sein Name ist*
    a) Johannes der Täufer
    b) Zacharias
    c) Bartimäus
    (5 Punkte)

18. Wie viele andere Menschen seiner Zeit ließ sich auch Jesus von Johannes taufen. An welchem Wasser?

   a) Eufrat
   b) Jordan
   c) See Gennesaret

(10 Punkte)

19. Man nennt es das erste Wunder Jesu. Er verwandelte dabei Wasser in Wein. Der Anlass war

   a) ein Besuch bei Maria, Marta und Lazarus, mit denen er befreundet war
   b) die Hochzeit in Kana
   c) ein nächtliches Gespräch mit dem Ratsherrn Nikodemus

(10 Punkte)

20. Die Evangelien berichten von einem großen Brotwunder. Wie viele Körbe Brot blieben übrig, nachdem allein 5 000 Männer satt wurden?

   a) fünf
   b) sieben
   c) zwölf

(5 Punkte)

21. In einem Gleichnis erzählt Jesus von der Suche nach einem verlorenen Tier. Was war es?

   a) ein Kalb
   b) ein Esel
   c) ein Huhn
   d) ein Schaf

(10 Punkte)

22. Wie hieß der Ort, an dem Jesus in Todesangst wachte und betete, bis Soldaten kamen, um ihn abzuführen?

   a) Eden
   b) Getsemani
   c) Kafarnaum

(10 Punkte)

23. *Einer der Zwölf, mit denen Jesus das Abendmahl feierte, verriet ihn. Sein Name war:*
    a) Johannes
    b) Petrus
    c) Judas Iskariot
    d) Herodes
    (5 Punkte)

24. *Das Johannesevangelium berichtet uns, dass nach dem Abendmahl einer der Teilnehmer den anderen die Füße wusch, um ihnen ein Beispiel zu geben. Wer tat diesen Sklavendienst an den anderen?*
    a) Petrus
    b) Johannes
    c) Jesus
    d) Jakobus
    (10 Punkte)

25. *Einer der Apostel verleugnete Jesus im Hof des hohenpriesterlichen Hauses. Als ein Hahn krähte, erinnerte er sich daran, dass Jesus ihm dies vorhergesagt hatte. Und er bereute sein Tun und weinte. Wie hieß der Apostel?*
    a) Johannes
    b) Judas Iskariot
    c) Matthäus
    d) Petrus
    (5 Punkte)

26. *Wie hieß der römische Statthalter, der, bevor er Jesus zur Kreuzigung verurteilte, seine Hände in Unschuld wusch? Wir erwähnen ihn im Glaubensbekenntnis. Es ist:*
    a) Herodes
    b) Pontius Pilatus
    c) Barabbas
    (10 Punkte)

27. *Soldaten zwangen einen Mann, Jesus das Kreuz tragen zu helfen. Es war:*
   a) Simon von Zyrene
   b) der Jüngling von Naïm
   c) Lazarus
   (10 Punkte)

28. *Zwei Jünger waren unterwegs, als der auferstandene Jesus ihnen begegnete und mit ihnen ging, aber sie erkannten ihn zunächst nicht. Erst am Abend, nachdem sie ihr Ziel erreichten und er mit ihnen das Brot brach, begriffen sie, dass Jesus schon die ganze Zeit bei ihnen war. Wie hieß das Dorf?*
   a) Bethanien
   b) Caesarea
   c) Emmaus
   (5 Punkte)

29. *In der Apostelgeschichte lesen wir von der Herabkunft des Heiligen Geistes an Pfingsten. Wie heißt die Stadt, in der alle zusammen waren? Petrus hielt dort in der Kraft des Geistes eine machtvolle Predigt, durch die etwa 3 000 Menschen bekehrt wurden. Es war:*
   a) Nazaret
   b) Rom
   c) Jerusalem
   d) Ephesus
   (10 Punkte)

30. *Welches bezeichnet man als das letzte Buch der Bibel?*
   a) Die Apostelgeschichte
   b) Der dritte Johannesbrief
   c) Die Offenbarung des Johannes
   (10 Punkte)

79

Wie lautet das deutsche Wort für Lektionar?

80

Welche Texte sind im Lektionar zu finden?

81

Aus welchem Buch (neben dem Lektionar)
wird meist das Evangelium verlesen?

82

In welchen Abständen wiederholen sich
die Lesungstexte – Lesungen und Evangelien –
an den Sonn- und Feiertagen?

83

Wie heißen die vier Evangelisten, nach denen
die Evangelien benannt wurden?

84

In welchem Abstand kehren die Lesungen bei den
Werktagsmessen wieder?

85

Wer gilt als Autor der meisten Briefe,
die wir im Neuen oder Zweiten Testament
finden und die in der sonntäglichen
Lesung vorgetragen werden?

86

In welchem Buch der Bibel wird von
vielen Reisen des Apostels Paulus berichtet,
aber auch vom Leben der jungen
christlichen Gemeinde nach Pfingsten?

87

Welches Buch benötigt der Vorsänger/
die Vorsängerin – man nennt ihn oder sie auch
Kantor bzw. Kantorin – für den Dienst?

88

Wie heißt das Buch, aus dem die
Gemeinde singt und betet?

89

Wo findet der Priester oder der Diakon
die Texte für Segnungen, z.B. für die Kräuterweihe,
Segnung der Asche, von Kerzen, Kreuzen usw.?

90

Wie heißt das Buch mit den Texten und
Gebeten des Priesters für die Messfeier?

XIII Eine ungewöhnliche „Arche Noach"

a) Zu welcher der genannten biblischen Personen gehört das jeweilige Tier?

1. *Taube*
   - a) Sara
   - b) Noach
   - c) David

2. *Schlange*
   - a) Eva
   - b) Maria Magdalena
   - c) Judas Iskariot

3. *Hahn*
   - a) Paulus
   - b) Petrus
   - c) Zacharias

4. *Esel*
   - a) Zachäus
   - b) Matthäus
   - c) Jesus

5. *Lamm*
   - a) Johannes d.Täufer
   - b) Paulus
   - c) Lukas

6. *Wal*
   - a) Jeremia
   - b) Noach
   - c) Jona

7. *Rabe*
   - a) Elija
   - b) Mose
   - c) Johannes d. Täufer

b) Welches Tier fühlt sich bei einem der genannten Heiligen besonders wohl?

8. *Gans*
   - a) Nikolaus
   - b) Martin
   - c) Noach

9. *Löwe*
   - a) Markus
   - b) Matthäus
   - c) Timotheus

10. *Vogel*
    - a) Franziskus
    - b) Christophorus
    - c) Georg

11. *Adler*
    - a) Paulus
    - b) Noach
    - c) Johannes (Evangelist)

XIV Ein Botanischer Garten besonderer Art

a) Welche Pflanze kann jeweils einer der nachfolgenden biblischen Personen zugeordnet werden?

1. Dornenstrauch
    a) Philippus
    b) Mose
    c) David

3. Feigenbaum
    a) Zachäus
    b) Andreas
    c) Petrus

2. Ginster
    a) Elija
    b) Hosea
    c) Johannes d. Täufer

4. Palmzweige
    a) Pontius Pilatus
    b) Jesus
    c) Bartholomäus

b) Welcher bzw. welche Heilige finden wir oft mit den genannten Pflanzen abgebildet?

5. Eiche
    a) Benedikt
    b) Franz von Assisi
    c) Bonifatius

7. Rose
    a) Johanna
    b) Elisabeth
    c) Birgit

6. Kirschzweige
    a) Katharina
    b) Barbara
    c) Monika

Das Kirchenjahr

▶ **Hinweis:** Dieses Quiz ist eher für jüngere MinistrantInnen bzw. für AnfängerInnen gedacht. Es kann auch dazu dienen, den „Wissensstand" zu überprüfen.

XV Bekannte Hochfeste und Zeiten im Kirchenjahr

Beim Eintragen der richtigen Begriffe ergibt die senkrecht markierte Zeile ein Fest, bei dem die Verehrung der Eucharistie, also des Leibes und Blutes Christi, im Mittelpunkt steht.
(ü = ue)

1. An diesem Tag feiern wir die Herabkunft des Heiligen Geistes. Es ist der 50. und letzte Tag der Osterzeit.

2. Ein Tag der Trauer. Wir denken an Jesu Tod am Kreuz.

3. Das höchste Fest der Christenheit. An diesem Tag feiern wir die Auferstehung Jesu.

4. Der Tag hat seinen Namen von den Palmzweigen, die die Menschen in Jerusalem Jesus als Zeichen seines Königtums vorantrugen. Mit diesem Tag beginnt die Karwoche.

5. Dieses Fest wird am 1. November begangen. Obwohl eigentlich erst am nächsten Tag der Verstorbenen gedacht wird, betet man in vielen Gemeinden schon am Nachmittag auf dem Friedhof für die Angehörigen. Anschließend werden die Gräber gesegnet.

6. Es ist die Vorbereitungzeit von Weihnachten.

7. Auch dem Osterfest geht eine längere Vorbereitungszeit voraus. Sie dauert 40 Tage.

8. Die Kirche beginnt die 40-tägige Vorbereitungszeit auf Ostern mit einem besonderen Tag. Im Gottesdienst erhalten die Menschen als Symbol für ihre Bereitschaft zur Umkehr und zur Buße ein besonderes Zeichen auf die Stirn.

9. Ein anderer Name für das Geburtsfest Jesu.

10. Der erste Tag der Woche. An diesem Tag, dem Auferstehungstag Jesu, feiern die Christen von Anfang an die Messe (Eucharistie).

11. Wir erinnern uns an diesem Tag daran, wie Jesus mit seinen Jüngern das Abendmahl feierte.

12. Das Fest wird 40 Tage nach Ostern begangen. Jesus verabschiedet sich von seinen Jüngern und kündigt ihnen einen anderen Beistand an. Er selbst ist nun bei seinem Vater im Himmel.

1. ☐
2. ☐
3. ☐
4. ☐
5. ☐
6. ☐
7. ☐
8. ☐
9. ☐
10. ☐
11. ☐
12. ☐

XVI Als die Weisen aus dem Morgenland sich zum Grab Jesu aufmachten – Ein merkwürdiger Gang durch das Kirchenjahr

In einer Gruppenstunde will Oberministrantin Melanie etwas über das Kirchenjahr erzählen. Leider stimmt nicht alles, was sie erklärt. Wer findet die Fehler?

I.

Das Kirchenjahr fängt nicht – wie das „normale Jahr" – mit dem 1. Januar an, sondern mit dem 1. Dezember. Am 1. Adventssonntag wird dann die erste Kerze am Adventskranz entzündet; die vierte in der Christmette.

Die Adventszeit dient der Vorbereitung auf Weihnachten. In dieser Zeit trägt der Priester ein rotes Messgewand. Bekannte Heilige der Adventszeit sind die hl. Elisabeth und der hl. Nikolaus, deren Feste man am 4. bzw. am 6. Dezember feiert.

In der Nacht des 24. Dezembers treffen sich viele Christen, um die Geburt des Herrn in einer Christmette zu feiern. Es ist ein festlicher Gottesdienst, in dem auch viele Ministrantinnen und Ministranten ihren Dienst tun. Am zweiten Weihnachtsfeiertag, dem 26. Dezember, wird dann besonders an den ersten Märtyrer, den hl. Paulus, erinnert. Er wurde in Rom mit dem Schwert hingerichtet. An seinem Hochfest ist die liturgische Farbe ein festliches Weiß.

Am ersten Januar wird nicht nur an den Frieden und an den Beginn des neuen Jahres gedacht, es wird auch besonders die Gottesmutter Maria geehrt.

Am 6. Januar feiert die Kirche das Fest Erscheinung des Herrn, auf Lateinisch heißt es: Epiklese. Früher nannte man es auch „Drei Könige", weil es dem Brauchtum nach drei Könige waren, die das Grab Jesu leer fanden und denen Jesus zuerst erschien.

Mit dem Fest Taufe des Herrn ist die Weihnachtszeit beendet. Im Mittelpunkt dieses Festes steht die Taufe Jesu im Jordan durch Zacharias.

Danach beginnt die Fastenzeit.

II.

Mit dem Aschermittwoch beginnt eine neue Zeit im Kirchenjahr: die Fastenzeit. Die Gläubigen treffen sich an diesem Tag zu einem Gottesdienst, in dem sie sich auch zum Zeichen ihrer Buße und Reue einen Kreis auf die Stirn zeichnen lassen. Dies bedeutet: Obwohl wir gesündigt haben, wird uns Christus, die Ostersonne, zur ewigen Herrlichkeit bei Gott führen.

Man spricht auch von der österlichen oder der 50-tägigen Bußzeit. In der Bibel hat die Zahl 50 eine tiefe Bedeutung: So verbrachten die Israeliten 50 Jahre in der Wüste, bis sie in das Gelobte Land kamen, und 50 Tage fastete Jesus in der Wüste.

Die letzte Woche dieser österlichen Bußzeit hat einen eigenen Namen: Man nennt sie die Karwoche. Sie beginnt an einem Sonntag mit dem Fest der Verklärung des Herrn. An diesem Tag denken die Christen an den Einzug Jesu in Jerusalem, als ihn die Menschen wie einen König mit Palmzweigen verehrten. Fast überall treffen sich die GottesdienstteilnehmerInnen am Eingang der Kirche, um in einer kleinen Prozession mit Zweigen in den Händen an diesen Einzug in Jerusalem zu erinnern. Eine zweite Besonderheit ist die Lesung der Passion Jesu. Unter „Passion" versteht man eine Kurzfassung der Lebensgeschichte Jesu.

Mit dem Abendmahlsgottesdienst am Gründonnerstag beginnen die drei österlichen Tage vom Leiden, vom Tod und von der Auferstehung des Herrn. Der Priester trägt an diesem Tag natürlich ein grünes Messgewand.

Nach der feierlichen Messe, in der man der Einsetzung der Eucharistie beim Abendmahl gedenkt, wird der Altar abgeräumt und die Eucharistie in die Sakristei oder in eine Seitenkapelle o.ä. gebracht. In den meisten Gemeinden beginnt jetzt eine Zeit der stillen Anbetung oder Gebetsstunden, in denen sich die Christen in Gedanken mit Jesus auf den Berg Tabor begeben und dort mit ihm „die Nacht durchwachen", bis dann Judas Thaddäus mit den Soldaten kommt, um ihn zu verraten.

Der Karfreitag ist vor allem ein Tag des Schmerzes und des Leids. Wir denken an diesem Tag an den Tod Jesu am Kreuz. Das althochdeutsche Wort „kara" bedeutet so viel wie Trauer oder Wehklage. Der Karfreitagsgottesdienst soll nach Möglichkeit um 18 Uhr stattfinden, da dies der Überlieferung nach die Sterbestunde Jesu ist. Die Liturgie des Gottesdienstes ist in dieser Form einmalig. Sie besteht aus einem Wortgottesdienst, der Lichterprozession und der Kommunionfeier. In den meisten Gemeinden folgt dann noch der traditionelle „Gesang der Klageweiber".

Die Auferstehungsfeier an Ostern ist das älteste jährlich wiederkehrende und auch das höchste Fest der Christen. Die Feier der Osternacht nennen wir auch Ostermette.

Die Liturgie der Osternacht umfasst fünf Teile: Lichtfeier, Wortgottesdienst, Tauffeier, Eucharistiefeier, Ostereieressen.

Im Mittelpunkt der Lichtfeier steht die Osterkerze: Sie ist das Zeichen des auferstandenen Christus. Deshalb finden wir auf der Kerze immer neben der Jahreszahl eine aufgehende Sonne und die Buchstaben C und A, dies bedeutet: Christus ist auferstanden.

Die Osterkerze wird vor der Kirche oder am Eingang an einer Fackel entzündet und dann in feierlicher Prozession in die Kirche getragen. Hier ruft der Priester oder Diakon: Corpus Christi – Christus, das Licht. Alle antworten: Deo gratias – Dank sei Gott.

Nachdem alle Mitfeiernden ihre Lichter von der Osterkerze aus entzündet bekommen haben, folgt das feierliche Osterlob, das Exsultet.

Im anschließenden Wortgottesdienst sind bis zu 9 Evangelien vorgesehen, sieben alttestamentliche und zwei neutestamentliche.

Eine Besonderheit ist auch die Tauffeier, in der, ähnlich wie am Gründonnerstag bei der Fußwaschung, die Taufe Jesu am Jordan dargestellt wird. Die nun folgende Eucharistiefeier verläuft wie andere feierliche Messen.

Die Osterzeit umfasst 40 Tage. Um den festlichen Charakter zu unterstreichen, ist ihre liturgische Farbe Gold.

 Besondere Feste innerhalb der Osterzeit sind Christi Himmelfahrt und Fronleichnam, das die Osterzeit beschließt. Danach beginnt dann die Zeit im Jahreskreis.

91

Welche beiden Festkreise feiern
wir innerhalb des Kirchenjahrs?

92

Wie nennt man die Zeit im Laufe
eines Kirchenjahrs, die weder zum Weihnachts-
noch zum Osterfestkreis gehört?

93

Wie kann man „Advent" übersetzen?

94

Mit welchem Tag beginnt
ein neues Kirchenjahr?

95

Was heißt „Epiphanie" auf Deutsch?

96

Welches Fest beschließt den
Weihnachtsfestkreis?

97

Mit welchem Tag beginnt die
österliche Bußzeit oder Fastenzeit?

98

Was bedeutet die Bezeichnung
der Stirn mit Asche am Aschermittwoch?

99

Wie viele Tage umfasst die
österliche Bußzeit (Fastenzeit)?

100

An welche Begebenheit im Leben Jesu erinnert der Palmsonntag?

101

Welche Tage nennen wir die „drei österlichen Tage"?

102

In welcher Weise wird der Abendmahlsgottesdienst am Gründonnerstag im Unterschied zu sonstigen Messfeiern beendet?

103

Wie heißt der Tag, an dem wir
an das Leiden und den Tod Jesu denken?

104

Welche drei Besonderheiten
der Karfreitagsliturgie fallen dir ein?

105

Wie sieht der Ministrantendienst aus,
wenn der Zelebrant am Karfreitag
das verhüllte Kreuz hereinträgt?

106

Wozu dient das Osterfeuer?

107

Mit welchem dreimaligen Ruf trägt
der Priester oder Diakon in der Osternacht
die Osterkerze zum Altarraum?

108

Wie unterscheidet sich die Osterkerze
im Aussehen von anderen Kerzen?

109

Wie nennt man den ersten Teil
der Osterliturgie?

110

In der Osternacht wird die Osterkerze
in einem feierlichen Gesang verehrt.
Wie nennt man diesen Gesang?

111

Worin unterscheidet sich der
Wortgottesdienst in der Osternacht
von sonstigen Gottesdiensten im Kirchenjahr?

112

Was ist eine Vigil (z.B. Ostervigil)?

113

Welcher Freudenruf – er bedeutet
so viel wie „Lobet Gott" – wird besonders
in der Osterzeit in Liedern, im Antwortpsalm,
beim Entlassungsgruß usw. häufig angestimmt?

114

Zu welcher Zeit im Kirchenjahr gehört
das Fest „Christi Himmelfahrt"?

115

Bei welchem Fest, außer Gründonnerstag,
steht das Thema „Eucharistie" im Mittelpunkt?

116

Wie heißt das Fest, das wir am
50. Tag nach Ostern feiern?

117

Welcher Zusammenhang besteht
zwischen dem Pfingstfest und dem
Sakrament der Firmung?

118

Von welchen beiden Tagen wird
der Osterfestkreis begrenzt?

119

In Verbindung mit welchen beiden
Festen werden in den meisten
Gemeinden die Gräber gesegnet?

120

Welchen Namen trägt der letzte
Sonntag im Kirchenjahr?

XVII Aus zwei mach eins – Ein Rätsel zum Kirchenjahr

Gefragt sind jeweils zwei Begriffe. Zusammengesetzt ergeben sie ein Wort, das etwas mit dem Kirchenjahr zu tun hat.
Beim Eintragen der richtigen Begriffe kann man in der markierten senkrechten Zeile von oben nach unten einen Gegenstand finden, der in der Osterzeit eine besondere Bedeutung hat. (ä = ae; ü = ue)

1. Die Königin der Blumen (Mehrzahl) und
   ein geflochtenes, kreisrundes Gesteck
2. Ein Heiliger aus dem 4. Jahrhundert, Märtyrer und Patron
   gegen Halsleiden und
   eine Geste des Glaubens
3. Tag der Auferstehung Christi (- n) und
   sanftes Tier, Symbol für Unschuld und Reinheit
4. Zeichen des Todes Christi und
   ein anderes Wort für Hochachtung
5. Besonderer Werktagsgottesdienst im Advent und
   Gottesdienst mit Eucharistiefeier
6. Restbestand nach der Verbrennung eines Gegenstandes (+ n)
   und besondere Geste der Christen
7. Name für Anhänger von Jesus Christus (Einzahl) und
   nächtlicher Gottesdienst
8. Finden sich auf dem Friedhof und
   in den verschiedenen Religionen Geste, die das Wohlwollen
   Gottes mit den Menschen ausdrückt; auch z.B. über Kerzen,
   Rosenkränze und andere Gegenstände
9. Vorbereitungszeit auf Weihnachten (+ s) und
   ein anderer Begriff für Sekunden, Tage, Stunden …
10. Die Farbe des Waldes und
    ein Wochentag

1.

2.

3.

4.

5.

6.

7.

8.

9.

10.

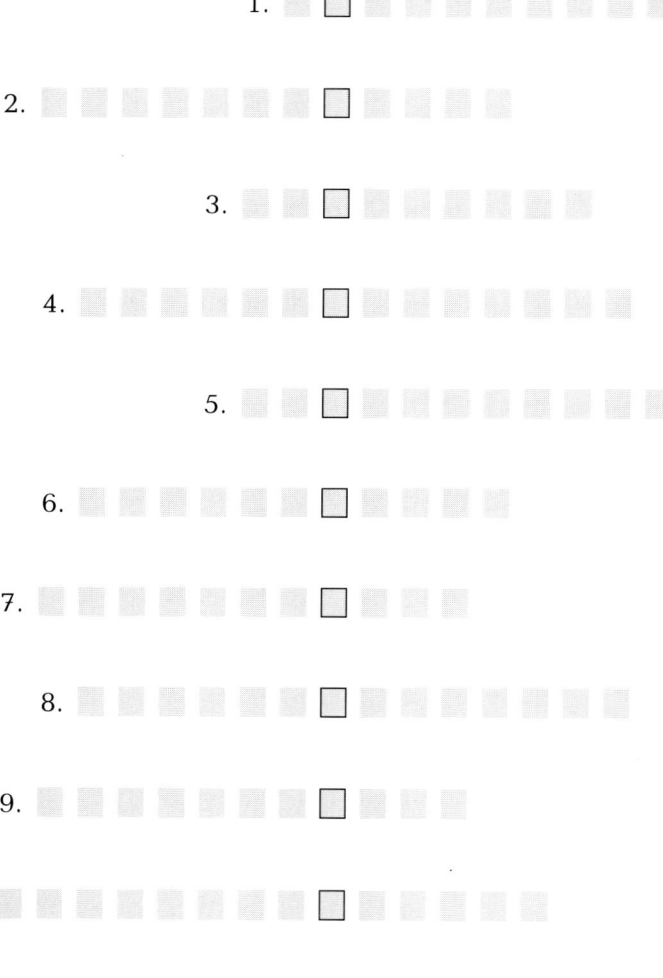

102

Hinweise: Das Blatt eventuell vergrößern. Wo es sinnvoll erscheint, kann man als Hilfestellung auch noch die Feste und Zeiten (s.u.) mit angeben.
Weitere Anregung: Es lassen sich auch andere Begriffe beim Kopieren (durch Überdecken). oder Scannen herausnehmen.

XVIII Ein Kirchenjahr mit Lücken

In nachfolgendem Kirchenjahreskreis sind acht wichtige Feste und Zeiten des Kirchenjahrs nicht eingetragen. Wer kann die fehlenden Begriffe an die richtige Stelle setzen?

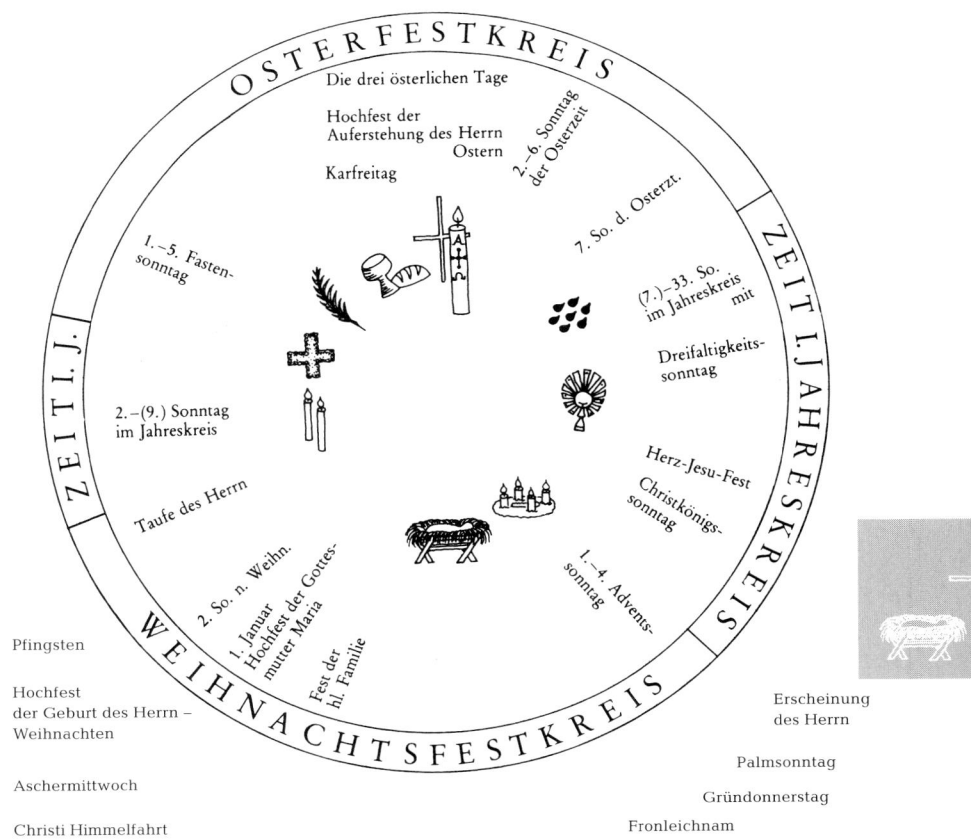

Pfingsten

Hochfest
der Geburt des Herrn –
Weihnachten

Aschermittwoch

Christi Himmelfahrt

Erscheinung
des Herrn

Palmsonntag

Gründonnerstag

Fronleichnam

Rund um Weihrauch –
Kerzen – Kirchenjahr

Zu verschiedenen Themenkreisen

XIX Wer knackt die Nuss? (2)

Gesucht wird ein Gegenstand (Mehrzahl). Normalerweise werden sie paarweise von MinistrantInnen bei feierlichen Anlässen mitgetragen.
Zunächst sind die gesuchten Begriffe einzutragen. Die am Ende jeder Frage genannten Buchstaben ergeben nacheinander gelesen dann das Lösungswort.

1. Welchen Namen hat das erste Sakrament, das wir empfangen und mit dem wir in die Gemeinschaft der Christen aufgenommen werden? *(vierter Buchstabe)*

2. Gesucht wird ein Gebet, das in der Messe gesprochen wird. Es beginnt mit: Ehre sei Gott in der Höhe … ? *(zweiter Buchstabe)*

3. Wie nennt man die Vorbereitungszeit auf Weihnachten? *(erster Buchstabe)*

4. Der Sonntag vor Ostern. Mit ihm beginnt die Heilige Woche oder Karwoche. Wir erinnern uns an den Einzug Jesu in Jerusalem. *(vierter Buchstabe)*

5. Wie nennt man den Platz, an dem die Lesung(en) und das Evangelium vorgetragen werden? *(dritter Buchstabe)*

6. In der Bibel gibt es vier Evangelien. Das Evangelium nach Matthäus, Markus, Lukas und … Welcher Name fehlt? *(siebter Buchstabe)*

7. Mit welchem Tag beginnt die Fastenzeit? *(erster Buchstabe)*

8. Das Gebet, das Jesus seine Jünger lehrte. Wir beten es in jeder Messe. *(sechster Buchstabe)*

9. Es wird bei feierlichen Gottesdiensten zusammen mit dem Weihrauchfass gebraucht. *(erster Buchstabe)*

Lösungswort:

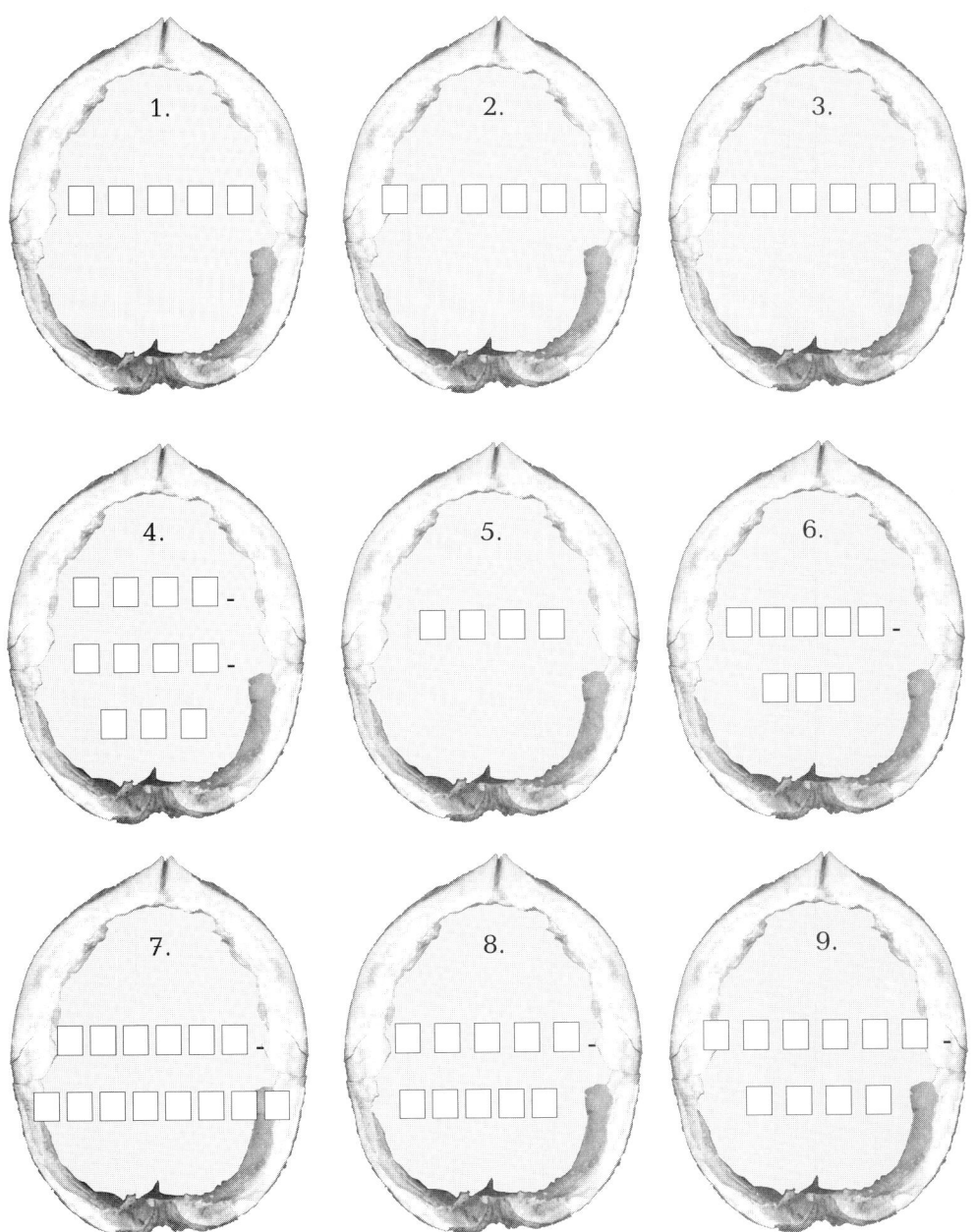

XX Eine merkwürdige Biografie

Im nachfolgenden Text sind drei Lebensgeschichten versteckt.
a) Um welche drei berühmten Männer geht es?
b) Für besonders schlaue Köpfe: Wer kann die drei Biografien entwirren? (mit
verschiedenen Farben oder Linien unterstreichen)

Er wurde in einem fernen Land geboren, in dem sein Volk die niedrige Arbeit verrichten musste. Aus Angst, dass dieses Sklavenvolk zu mächtig werden könnte, hatte der Herrscher angeordnet, alle männlichen Babys zu töten. Deshalb setzte seine Mutter ihn in einem Binsenkörbchen aus. Und Gott war mit ihm: Er wurde von der Schwester des Herrschers gefunden und wuchs am Hof auf.

Als er groß wurde, schlug er im Jahre 331 die Militärlaufbahn ein und trat der römischen Armee bei. Aus dieser Zeit ist uns die Teilung seines Mantels mit einem Bettler überliefert.

Im Alter von 25 Jahren hörte er den Ruf, Jesus in radikaler Armut nachzufolgen. Es wird erzählt, dass er seinem Vater als Zeichen seines Verzichtes die wertvollen Kleider vor die Füße warf; er verschenkte sein Vermögen und suchte Gleichgesinnte, mit denen er in Armut und im Dienst am Nächsten leben wollte. Zunächst sah er seine Aufgabe darin, Kapellen aufzubauen, doch dann erkannte er, dass er nicht nur Kirchen aus Stein erneuern sollte, sondern auch die Kirche als Gemeinschaft der Christen. Seine erste einfache Ordensregel wurde vom Papst bestätigt. Später erhielt er von Gott den Auftrag, Führer seines unterdrückten Volkes zu werden und es in das Gelobte Land zu bringen. 40 Jahre lang dauerte der Weg durch die Wüste. Bekannt ist unser Heiliger auch durch seinen berühmten Sonnengesang, in dem seine besondere Liebe zur Schöpfung deutlich wird. Deshalb stellt man ihn auch oft dar, wie er den Vögeln predigt. Auf dem Berg Sinai offenbarte ihm Gott seine Gebote. Da er nicht Bischof von Tours werden wollte, versteckte er sich, wie eine Legende besagt, in einem Stall mit Gänsen. Doch diese verrieten ihn mit ihrem Geschnatter. Deshalb wird er bisweilen auch mit Gänsen dargestellt.

Am Ende seines Lebens ließ er sich von seinen Mitbrüdern auf die nackte Erde legen. So erwartete er den „Bruder Tod", wie er sagte. Es war ihm nicht erlaubt, das Gelobte Land noch selbst zu betreten, aber er konnte es bereits aus der Ferne sehen.

Hinweis: Diese Fragen können – auch einzeln – als Auflockerung in Ministrantenrunden eingebracht werden. Natürlich lassen sie sich auch – wie sonst – in Gruppenarbeit lösen.

XXI Die etwas anderen Quizfragen – Rätsel für „Querdenker"

1. Gesucht ist ein Fass, aus dem es nicht tropft, sondern qualmt.

2. Die Mädchen und Jungen bereiten sich lange auf diesen Tag vor. Man nennt ihn nicht Blauer Montag, sondern …

3. Obwohl das Messgewand festlich weiß ist und eigentlich auch nicht jeder gerade dann Spinat oder Salat isst, wurde diesem Wochentag eine Farbe vorangestellt.

4. Gesucht wird eine Gebetshilfe. Es handelt sich jedoch nicht um ein Nelkengebinde, sondern um einen …

5. Dem Namen nach müsste es eigentlich schwimmen können, doch seit man es im Gottesdienst verwendet, wird es von Ministrantinnen und Ministranten getragen.

6. Ein winterliches Gewand, unter dem eine ganze Sängergruppe Platz hat. (In manchen deutschsprachigen Gegenden allerdings qualmt es eher darunter.)

7. Ein rundgeflochtenes Gesteck mit Kerzen – es eignet sich jedoch auf keinen Fall als Osterschmuck!

8. Ein Ruß-Tag, den man einmal im Jahr zur Wochenmitte begeht.

9. Es befindet sich vorne im Altarraum und ist kein „Kurzzeit-Lämpchen", sondern ein …

10. Jesus hat uns nach dem Abendmahl gezeigt: Christen sollen sich nicht gegenseitig den Kopf waschen, sondern die …

11. Es geht um Mondchöre, die um den 6. Januar in die Häuser ihres Heimatortes gehen und Gottes Segen bringen. Oder nennen sie sich doch etwas anders?

XXII Wer kennt sich bei den liturgischen Büchern, Gewändern und Geräten aus?

Beim Eintragen der richtigen Begriffe ergibt die senkrecht markierte Zeile einen liturgischen Gegenstand, dessen Träger immer „die Nase vorn hat".

1. Ein Tuch, meist in der liturgischen Farbe, das zum Verhüllen des Kelches verwendet wird; auch den breiten festlichen Schal, der beim eucharistischen Segen übergelegt wird, nennt man so.
2. Aus ihm trägt der Lektor oder die Lektorin die Lesungen vor.
3. Ein zusammenfaltbares, kleines weißes Tuch zum Abstellen von Kelch, Hostienschale und Monstranz auf dem Altar.
4. Ein meist verziertes, langes Gewand, das für die Segnung mit dem eucharistischen Brot verwendet wird.
5. Man benutzt es, meist bei feierlichen Gottesdiensten, gemeinsam mit dem Schiffchen.
6. Es gibt für die Sonntage drei davon: A, B und C.
7. Aus diesem Buch liest der Priester oder Diakon das Evangelium.
8. In diesem Buch findet man alle Texte und Lesungen für die verschiedenen Segnungen oder Weihen.
9. Ein Gefäß, das man zusammen mit einem Aspergill benutzt.
10. Ein langes schwarzes Gewand, auch MessdienerInnen tragen es häufig.
11. MessdienerInnen reichen es dem Priester bei Segnungen mit Weihwasser an.
12. Ein Gürtel oder Strick zum Schürzen der Albe.
13. Ein wertvolles Schaugefäß für das eucharistische Brot.

1.

2.

3.

4.

5.

6.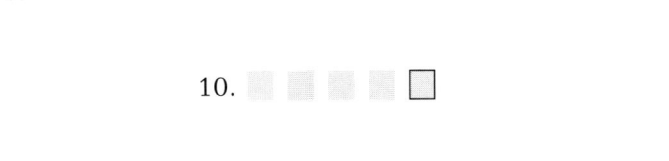

7.

8.

9.

10.

11.

12.

13.

▶ **Hinweis:** Das Rätsel ist nicht einfach. Für Gruppen oder dort, wo die lateinischen Begriffe selten oder nie gebraucht werden, ist es eine Erleichterung, noch die entsprechenden Silben (s.o.) mitanzugeben.

XXIII Wer knackt die Nuss? (3)

In den 12 Nüssen sind Begriffe versteckt, die gefunden werden sollen. Sie alle stammen entweder direkt oder ihrem Wortstamm nach aus dem Lateinischen bzw. haben ihren Ursprung in der lateinischen Sprache. Viele Begriffe sind uns so geläufig, dass wir vielleicht gar nicht mehr wissen, dass es lateinische Namen sind.
Wer versucht, die Nüsse der Reihe nach zu knacken, erhält noch eine Hilfe: Jeweils ein Buchstabe in der vorherigen Nuss findet sich auch in der folgenden wieder.

1. Der Name und Beginn eines Gebetes aus der Messfeier. Auf Deutsch nennt man es „Heilig, heilig, heilig …". *(Der zweite Buchstabe ist gleichzeitig der letzte Buchstabe des nächsten gesuchten Wortes.)*

2. Auch hier gab der Anfang des Gebetes ihm seinen Namen. Wir beten: „Ehre sei Gott in der Höhe" – nach dem Gesang der Engel in Betlehem (vgl. Lukasevangelium 2,14). *(Der erste Buchstabe entspricht dem zweiten Buchstaben des nächsten Wortes.)*

3. Auf Deutsch beten wir: Lamm Gottes, du nimmst hinweg die Sünde der Welt. Wie heißt der Gebetsanfang auf Latein? (Es sind ebenfalls zwei Worte!) *(Der drittletzte Buchstabe entspricht dem zweiten Buchstaben des nächsten Wortes.)*

4. Gesucht ist eine Zeit des Kirchenjahrs. Das Wort bedeutet so viel wie „Ankunft". *(Der dritte Buchstabe entspricht dem ersten Buchstaben des nächsten Wortes.)*

5. Der entsprechende lateinische Begriff bedeutet so viel wie Umhang. Wir benutzen das Wort für zwei Gegenstände: einmal zum Umhüllen des Kelches, zum anderen nennt man so die breite Stola, die der Priester beim Segen mit der Mon-

stranz verwendet. *(Der dritte Buchstabe entspricht dem ersten Buchstaben des nächsten Wortes.)*

6. Man nennt so den vierten Sonntag der Fastenzeit nach dem Anfang des Eingangsverses: „Freue dich, du Stadt Jerusalem". Es ist die „Halbzeit" der österlichen Bußzeit. *(Der letzte Buchstabe entspricht dem vierten Buchstaben des nächsten Wortes.)*

7. Der Name für ein besonderes Mariengebet: „Engel des Herrn". In verschiedenen Gemeinden gibt es auch zu bestimmten Uhrzeiten (3 x täglich) ein Läuten, das ebenfalls diesen Namen trägt. *(Der letzte Buchstabe entspricht dem fünften Buchstaben des nächsten Wortes.)*

8. Der gesuchte Begriff ist ein anderer Name für Messdiener; er kommt aus dem Lateinischen und bedeutet soviel wie „Dienende". *(Der neunte Buchstabe entspricht dem sechsten Buchstaben des nächsten Wortes.)*

9. Der Name bedeutet so viel wie Zelt (Gottes). Der tresorartige Behälter dient der Aufbewahrung des eucharistischen Brotes. *(Der dritte Buchstabe entspricht dem ersten Buchstaben des nächsten Wortes.)*

10. Sein Name bedeutet übersetzt so viel wie Beutel. Es ist ein Etui – meist aus Stoff – für das Korporale oder auch für die Krankenkommunion. *(Der vierte Buchstabe entspricht dem achten Buchstaben des nächsten Wortes.)*

11. Gesucht ist der lateinische Name für das Vaterunser. *(Der fünfte Buchstabe entspricht dem letzten Buchstaben des nächsten Wortes.)*

12. Gesucht wird der in den Gemeinden am häufigsten gebetete Teil des Stundengebets, das Abendgebet der Kirche. Es bedeutet soviel wie „Abend". Noch ein Hinweis: In manchen Gegenden bezeichnet man auch die Abendmahlzeit so.

A – a – Ad – An – ber – Bur – Dei – ge – Glo – gnus – kel – Lae – lum – lus – Mi – na – ni – no – Pa – per – re – ri – Sanc – se – ster – strant – Ta – ta – ter – tus – Ve – vent – Ves

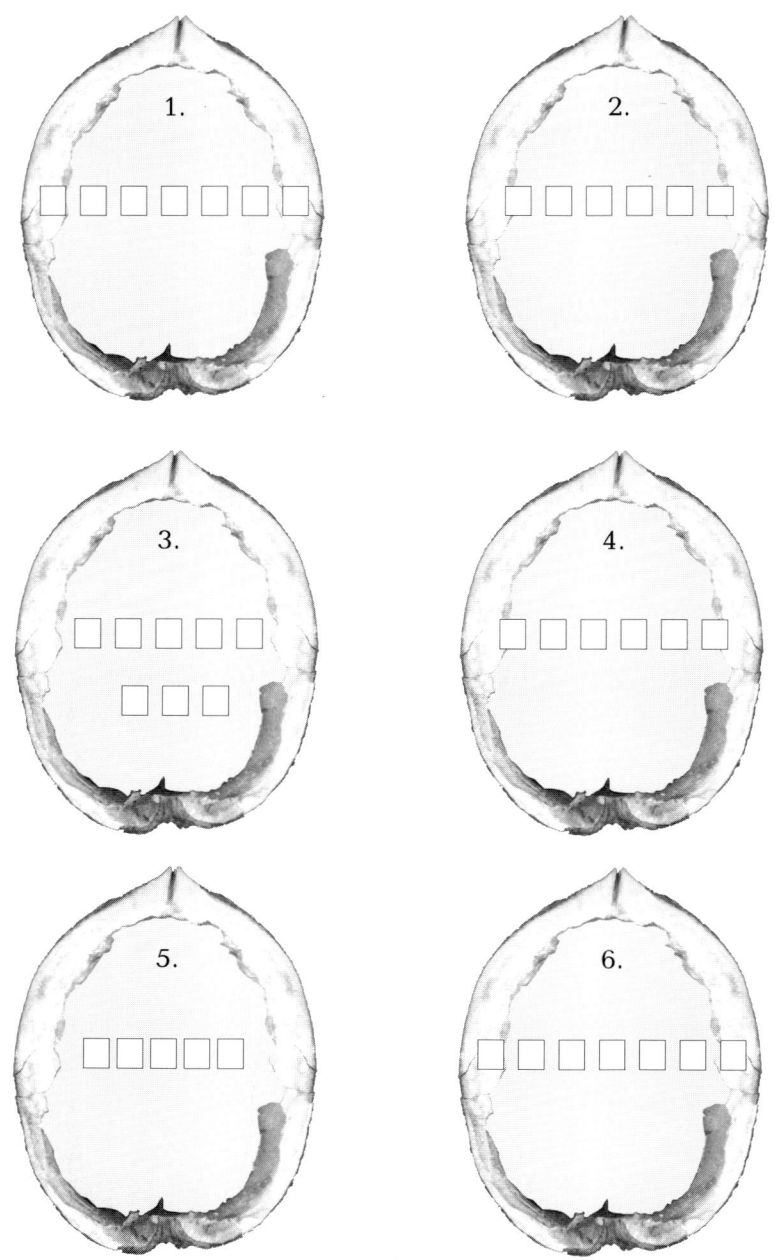

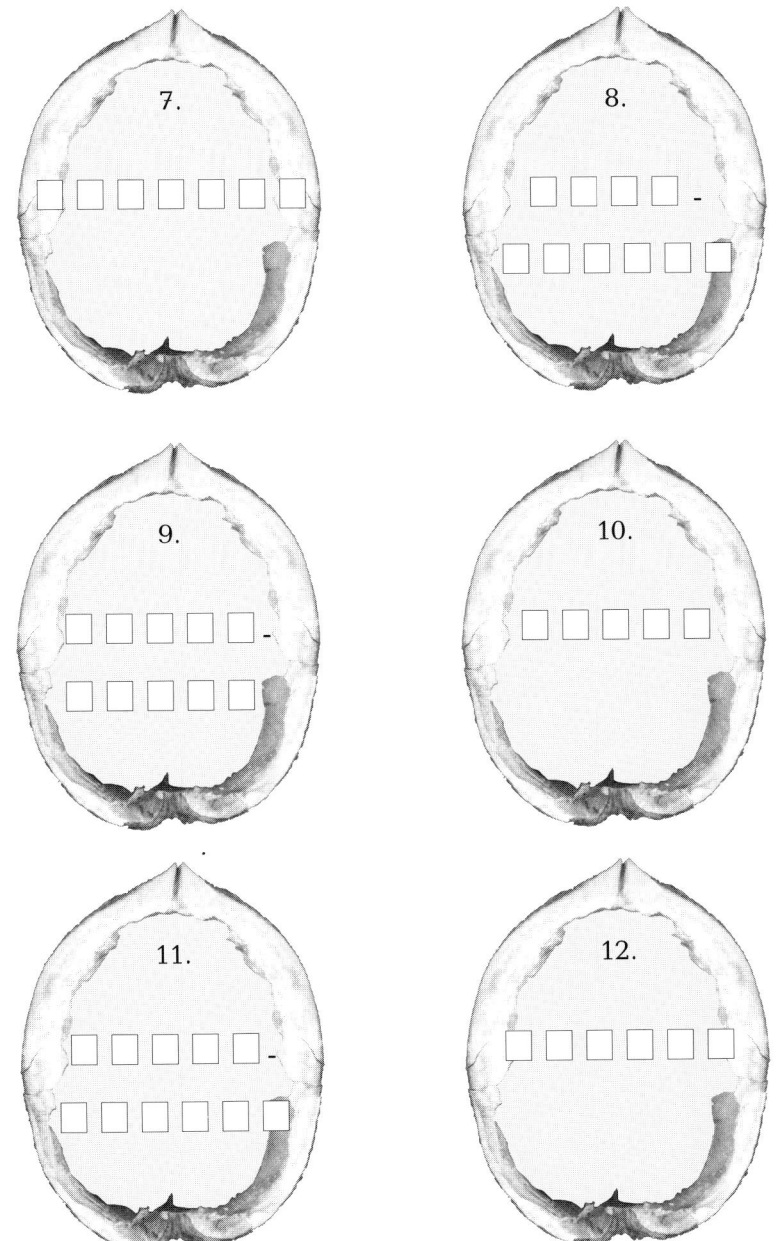

Hinweis: Dieses Rätsel ist nicht ganz einfach. Es ist geeignet, um den Wissensstand zu erkunden oder – zur Festigung – nach einer Gruppenstunde mit dem Schwerpunkt „lateinische Begriffe". Wo bestimmte Worte mit Sicherheit unbekannt sind, sollte man sie zuvor erklären. Falls die Gelegenheit dazu nicht gegeben ist, kann man, wie bei anderen Rätseln auch, einzelne Begriffe vorher einfügen, ohne dass der Spielablauf beeinträchtigt wird.

XXIV Die Kirchenlatein-Schlange

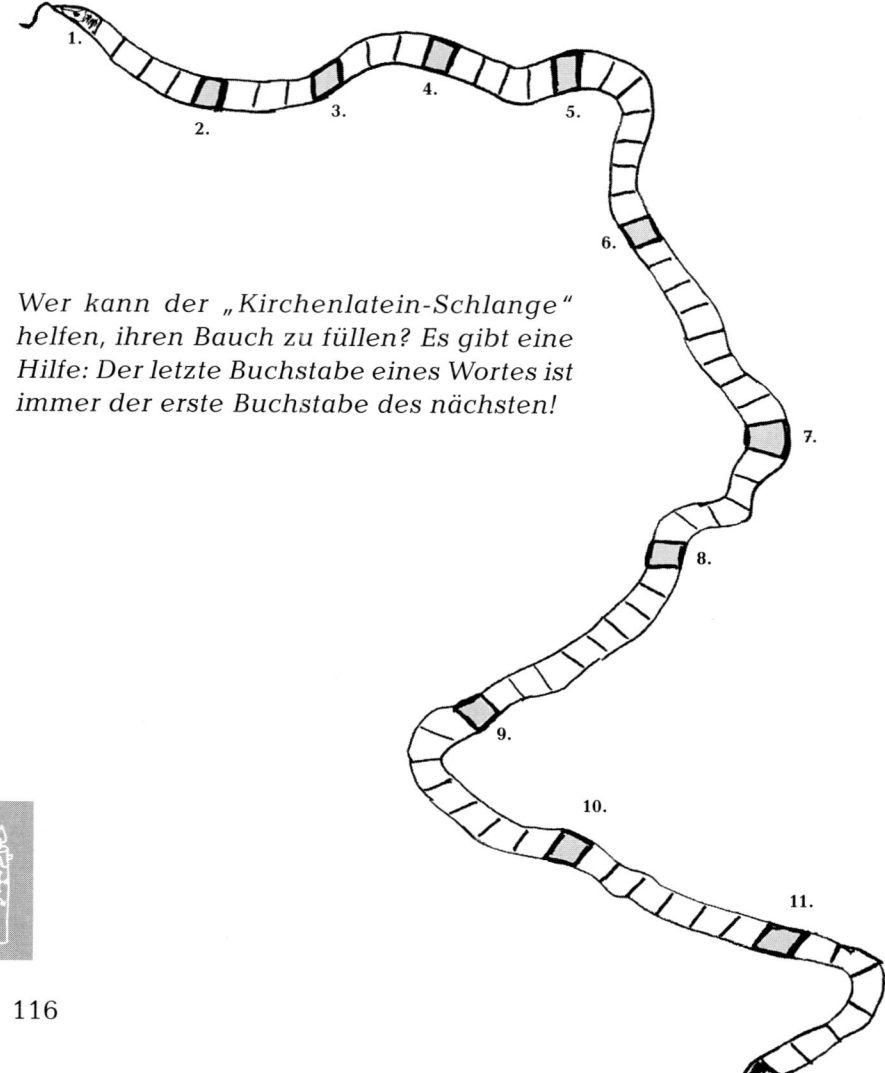

Wer kann der „Kirchenlatein-Schlange" helfen, ihren Bauch zu füllen? Es gibt eine Hilfe: Der letzte Buchstabe eines Wortes ist immer der erste Buchstabe des nächsten!

1. Gesucht wird der lateinische Name für das Glaubensbekenntnis und gleichzeitig sein Beginn.

2. Der gesuchte Begriff steht für „der achte (Tag)". So nennt man auch die ersten acht Tage nach Weihnachten und Ostern. Diese Tage werden in der Kirche noch einmal besonders hervorgehoben und festlich begangen, um dadurch zu zeigen, wie wichtig die beiden Hochfeste sind.

3. Der lateinische Begriff bedeutet so viel wie Wächter oder wachsam sein. Man bezeichnet damit auch die Feier der Osternacht.

4. Der Name heißt übersetzt so viel wie kleines Möndchen. Das liturgische Gerät, das diesen Namen trägt, hat tatsächlich die Form eines Halbmondes. Es ist ein kleiner Halter, den man mit dem eucharistischen Brot, der Hostie, in den unter 9. gefragten Gegenstand einfügen kann.

5. Der Name dieses Gerätes, das jeder Messdiener kennt, kommt ebenfalls aus dem Lateinischen und bedeutet so viel wie: „bespritzen" oder „besprengen". Man verwendet es in der Regel mit dem Weihwassergefäß. Jetzt ist sicher klar, um welchen Gegenstand es geht.

6. Auch dieses kleine Stofftuch kennen alle, die ministrieren. Der Priester reinigt damit vor der Gabenbereitung seine Hände.

7. Das lateinische Wort für Predigt, genauer für Bibelauslegung.

8. Dieses Wort kennt jeder. Es kommt ursprünglich aus dem Griechischen, wurde dann aber auch in die liturgische Sprache, das Kirchenlatein, übernommen. Es bedeutet soviel wie Frohe Botschaft (nach Matthäus, Markus, Lukas oder Johannes).

9. Es ist ein reich verziertes Zeigegerät, in dem das heilige Brot an Fronleichnam, beim besonders feierlichen Segen oder einer eucharistischen Andacht gezeigt wird. Der lateinische Name bedeutet genau das: „zeigen".

10. Der Name für den Gürtel oder Strick, mit dem die Albe des Priesters oder auch die albenähnlichen Kutten der MinistrantInnen gerafft werden.

11. Der lateinische Name für Messbuch.

Lösungen

zu I–XXIV

Zu I

1. Herr … Geiste (an verschiedenen Stellen der Messfeier, z.B. zu Beginn des Gottesdienstes, vor dem Evangelium)
2. Wort (nach der Lesung)
3. Evangelium (= Einleitung zum Evangelium)
4. Frieden (= Entlassung)
5. bekenne (= Schuldbekenntnis)
6. Tod … Auferstehung … Herrlichkeit (nach den Wandlungsworten als Ruf der Gemeinde auf: „Geheimnis des Glaubens")
7. erbarme (= Teil des Kyrie)
8. Ehre … Gott (= Gloria)
9. glaube … Vater (= Glaubensbekenntnis)
10. Herzen … Herrn (zu Beginn des eucharistischen Hochgebetes)
11. Lob … Christus (= Antwort der Gemeinde nach dem Evangelium)
12. Heilig, heilig, heilig (= Sanctus)
13. Friede (= Friedensgruß)
14. Lamm … Welt (= Agnus Dei)
15. segne euch (= Schlusssegen)

Zu II

1. Und mit deinem Geiste.
2. … allen Brüdern und Schwestern …
3. Herr, erbarme dich (unser). Christus, erbarme dich (unser).
4. … und Friede auf Erden …
5. Lob sei dir, Christus.
6. Heilig, heilig, heilig, Gott, Herr aller Mächte …
7. Deinen Tod, o Herr, verkünden wir …
8. Denn dein ist das Reich und die Kraft …
9. Der Friede des Herrn sei allezeit mit euch.
10. Lamm Gottes, du nimmst hinweg …
11. … dass du einkehrst unter mein Dach, aber sprich nur ein Wort, so wird meine Seele gesund.
12. … der allmächtige Gott …

Zu III

1. KELCH
2. GLORIA
3. EVANGELIUM
4. AMEN
5. VATERUNSER

6. LESUNG
7. PREDIGT
8. LOBEN
9. GABENBEREITUNG

Lösungswort: KOMMUNION

Zu IV

Die Eröffnung

Einzug – Eingangs-/Eröffnungslied
Je nach Anzahl der MinistrantInnen (feierlicher Einzug) in folgender Reihenfolge: WeihrauchträgerIn, MessdienerIn mit Vortragekreuz, LeuchterträgerInnen, AltardienerInnen, Priester; am Altar Kniebeuge (falls der Tabernakel in der Nähe des Altares ist) oder Verneigung (eventuell Beweihräucherung); MinistrantInnen gehen zu ihren Plätzen.
Begrüßung
Schuldbekenntnis
Kyrie (Herr, erbarme dich)
Gloria (Ehre sei Gott in der Höhe)
Tagesgebet

Wortgottesdienst

Erste Lesung
Antwortgesang
Zweite Lesung
Bei feierlichen Gottesdiensten: kleine Prozession zum Ambo. Zwei MinistrantInnen mit Leuchtern (und der/die WeihrauchträgerIn) begleiten Priester oder Diakon mit Evangeliar (Lektionar) zum Ambo.
Ruf vor dem Evangelium/Halleluja
Evangelium
Predigt
Glaubensbekenntnis
Fürbitten

Eucharistiefeier

Gabenbereitung
Messdiener bringen leeren Kelch mit Korporale und Kelchtuch (breiten das Korporale aus, stellen den Kelch darauf). Messdiener oder Gläubige bringen Hostienschale mit Hostien; MessdienerIn Kännchen mit Wein und Wasser.
(Bei feierlichen Anlässen: Beweihräucherung der Gaben des Altars)
Zur Händewaschung bringt ein/e MinistrantIn Wasserschale und Wasserkännchen und schüttet dem Priester etwas Wasser über die Hände; ein/e zweite/r bringt das Handtuch.

Gabengebet

Das eucharistische Hochgebet (Großes Lob- und Dankgebet)
Präfation
Zum Sanctus stellen sich die MinistrantInnen um den Altar, bei feierlichen Gottesdiensten eventuell mit Flambeaus.
Sanctus (Heilig, heilig, heilig)
Wandlung
Wo üblich, schellen oder läuten die MessdienerInnen, wenn der Priester Brot und Wein emporhebt.
(Vor dem Vaterunser werden die Kerzen und eventuell das Rauchfass in die Sakristei zurückgebracht.)
Vaterunser
Friedensgruß
Agnus Dei/Brotbrechung
Einladung zur Kommunion
Kommunionempfang
Nach der Kommunion: MessdienerIn bringt das Wasserkännchen und gießt daraus Wasser zur Reinigung in den Kelch. Danach den Kelch und gegebenenfalls die leere Hostienschale zurück zur Kredenz bringen.
Entlassung
Segen

Entlassungsgruß
Beim Auszug gehen Priester und HelferInnen nach einer Kniebeuge in derselben Reihenfolge in die Sakristei zurück wie beim Einzug.

Zu V

1. Höh	11. ruft	21. Himmel
2. Lamm Gottes	12. König	22. Gerechtigkeit
3. gemacht	13. Tür	23. Stimme
4. All	14. Mantel	24. Weizenkorn
5. Ros	15. Größe	25. hoffet
6. Schiff	16. danket	26. Morgenstern
7. loben dich	17. Herzen	27. weihn
8. Gewalten	18. Christen	28. lieben
9. Freunde	19. Lob	29. Gast
10. Geist	20. Wunden	30. geboren

Zu VI

1. a, b, d	4. c	7. a, b, e
2. b	5. a, c	8. c
3. a	6. a, b, d	9. a, b, d

Zu VII

```
        K A R WO C H E
        P R O Z E S S I O N
  F A S T E N Z E I T
        K E L C H
          K Y R I E
        G L O R I A
          A G N U S   D E I
H A E N D E W A S C H U N G
        E U C H A R I S T I E F E I E R
              F U E R B I T T E N
            S A K R I S T E I
W O R T G O T T E S D I E N S T
        S A N C T U S
```

Zu VIII

1. b	4. a, b, d, e	7. a
2. a, b, c, e	5. a, c	8. a, c, d
3. b	6. c	9. a, b

Zu IX

1. „Hier ist der *heilige Paulus* mit dem Schwert dargestellt und einem Buch, weil er viele schlaue Briefe geschrieben hat. Er wurde wegen seines Glaubens von den Römern getötet, und zwar mit dem Schwert, weil er ein römischer Bürger war. *Petrus* hingegen siehst du hier mit einem nach unten gerichteten Kreuz und einem Schlüssel. Es zeigt, dass er der Erste der Apostel war – er hatte die ‚Schlüsselgewalt' – und dass er am Kreuz hingerichtet wurde. (Petrus und Paulus wurden vertauscht.)
2. Wir erinnern uns dabei an das *Abendmahl* Jesu.
3. Man sagt dazu *Ambo*. (Ambo – ohne „ss")
4. Frauen und Männer aus der Gemeinde kommen nach vorne und lesen hier einen Abschnitt aus dem Alten Testament oder Briefe, etwa die von Paulus. („*Franziskus* – das ist auch ein großer Heiliger" streichen. – Franziskus ist ein berühmter Heiliger aus dem 13. Jahrhundert [gest. 1226]. Im Neuen Testament finden wir noch Briefe von Jakobus, Petrus, Johannes, Judas.)
5. Dazwischen kommt bei uns eine Frau und singt im Wechsel mit den anderen Leuten Verse aus der Bibel oder ein Halleluja. Sie ist eine *Kantorin*. (Lektor bzw. Lektorin nennt man den Mann oder die Frau, der/die die Lesungen vorträgt.)

6. Evangelium, so haben wir gerade gelernt, heißt so viel wie *Frohe Botschaft*. (Eucharistie übersetzen wir mit Danksagung.)

7. Es gibt *vier* davon in der Bibel. Wir sagen Evangelium nach Matthäus, Markus, Lukas, Johannes. (Petrus hat *kein* Evangelium geschrieben.)

8. ... und ein kleines Handtuch, man nennt es auch *Lavabotuch*, für die Händewaschung. (Es ist benannt nach dem lateinischen Anfang des Psalmverses 26,6: „Ich wasche meine Hände in Unschuld ..." Das Kelchtuch dient u.a. zum Säubern des Kelches nach der Kommunion.)

9. Man nennt sie Apostelleuchter und Apostelkreuze ... Dementsprechend gibt es *12* davon.

10. Das ist *Maria*, die Mutter Jesu.

11. ... das kleine Türchen gehört zu einer Art Tresor. Darin wird das heilige Brot nach der Messe aufbewahrt. Man nennt ihn *Tabernakel* (aus dem lat. tabernaculum = Zelt. Monstranz ist das reich verzierte Gerät, in dem das eucharistische Brot gezeigt wird. Das lateinische Wort „monstrare" bedeutet so viel wie „zeigen").

Zu X

läuten	Kredenz	Kelchtuch
Farbe	Hostienschale	Korporale
Sakristei	Wein (2x)	Glocken
Albe	Hostien	Mikrofon
Messgewand	Wein- und Wasser-	Sakristei
Ankleidetisch	kännchen	Gabenbereitung
Stola	Lavabotuch	

Zu XI

1. a, b, c	7. a, c	13. a, b
2. b, c	8. c	14. a, b, c
3. b, c	9. a, c, d	15. a, b
4. a	10. a, b, d	16. b
5. a	11. a	17. a, c
6. a, b, c, d	12. a, b, c	18. a, b

Zu XII

1. a (vgl. Gen 2 und 3)	6. b (vgl. Ex 16, bes. Vers 31)
2. b (vgl. Gen 21)	7. c (vgl. Ex 19)
3. c (vgl. Gen 35, 22ff)	8. c (vgl. Ex 20,1–17 u. Dtn 5,6–21)
4. a (vgl. Gen 37)	9. b (vgl. Ex 32)
5. c (vgl. Ex 2ff)	10. d (vgl. 1 Sam 16ff)

11. b
12. c
13. b
14. a
15. c (Einen Lukasbrief gibt es in der Bibel nicht, und es gibt nur einen Epheserbrief)
16. a
17. a (vgl. Mk 1,6)
18. b (vgl. z.B. Mk 1,9)
19. b (vgl. Joh 2,1–12)
20. c (vgl. Mt 14,13–21; Mk 6,31–44; Lk 9,10–17; Joh 6,1–15)
21. d (vgl. Mt 18,12–14; Lk 15,4–7)
22. b (vgl. Mt 26,36–46)
23. c (vgl. z.B. Joh 13,2)
24. c (vgl. Joh 13,1–11)
25. d (vgl. Mt 26,69–75; Mk 14,66–72; Lk 22,54–62; Joh 18,25–27)
26. b (vgl. Mt 27, 11–26; Mk 15,2–15; Lk 23,1–25; Joh 18,28–19,16)
27. a (vgl. Mt 27,32)
28. c (vgl. Lk 24,13–35)
29. c (vgl. Apg 2,5)
30. c

Zu XIII

1. b
2. a
3. b
4. c

5. a
6. c
7. a
8. b

9. a
10. a
11. c

Zu XIV

1. b
2. a
3. a

4. b
5. c

6. b
7. b

Zu XV

```
        P F I N G S T E N
     K A R F R E I T A G
          O S T E R N
  P A L M S O N N T A G
        A L L E R H E I L I G E N
        A D V E N T
  F A S T E N Z E I T
        A SC H E R M I T T W O C H
    W E I H N A C H T E N
      S O N N T A G
G R U E N D O N N E R S T A G
   C H R I S T I  H I M M E L F A H R T
```

Zu XVI

I.

Das Kirchenjahr fängt nicht – wie das „normale Jahr" – mit dem 1. Januar an, sondern mit dem *1. Advent.* Am 1. Adventssonntag wird dann die erste Kerze am Adventskranz entzündet; die vierte *am 4. Adventssonntag.*

Die Adventszeit dient der Vorbereitung auf Weihnachten. In dieser Zeit trägt der Priester ein *violettes* Messgewand. Bekannte Heilige der Adventszeit sind die *hl. Barbara* und der hl. Nikolaus, deren Feste man am 4. bzw. am 6. Dezember feiert.

In der Nacht des 24. Dezembers treffen sich viele Christen, um die Geburt des Herrn in einer Christmette zu feiern. Es ist ein festlicher Gottesdienst, in dem auch viele Ministrantinnen und Ministranten ihren Dienst tun. Am zweiten Weihnachtsfeiertag, dem 26. Dezember, wird dann besonders an den ersten Märtyrer, den hl. *Stephanus,* erinnert. Er wurde *gesteinigt.* An seinem Hochfest ist die liturgische Farbe *Rot (= bei Märtyrerfesten!).*

Am ersten Januar wird nicht nur an den Frieden und an den Beginn des neuen Jahres gedacht, es wird auch besonders die Gottesmutter Maria geehrt.

Am 6. Januar feiert die Kirche das Fest Erscheinung des Herrn, auf Lateinisch heißt es: *Epiphanie.* Früher nannte man es auch „Drei Könige", weil es dem Brauchtum nach drei Könige waren, *die dem Stern folgten und das Kind in der Krippe fanden.*

Mit dem Fest Taufe des Herrn ist die Weihnachtszeit beendet. Im Mittelpunkt dieses Festes steht die Taufe Jesu im Jordan durch *Johannes.*

Danach beginnt die *Zeit im Jahreskreis.*

II.

Mit dem Aschermittwoch beginnt eine neue Zeit im Kirchenjahr: die Fastenzeit. Die Gläubigen treffen sich an diesem Tag zu einem Gottesdienst, in dem sie sich auch zum Zeichen ihrer Buße und Reue *ein Kreuz* auf die Stirn zeichnen lassen. Dies bedeutet: *Wir haben gesündigt, aber im Kreuz Christi ist Heil.*

Man spricht auch von der österlichen oder der *40-*tägigen Bußzeit. In der Bibel hat die Zahl *40* eine tiefe Bedeutung: So verbrachten die Israeliten *40* Jahre in der Wüste, bis sie in das Gelobte Land kamen, und *40* Tage fastete Jesus in der Wüste.

Die letzte Woche dieser österlichen Bußzeit hat einen eigenen Namen: Man nennt sie die Karwoche. Sie beginnt mit dem *Palmsonntag.* An diesem Tag denken die Christen an den Einzug Jesu in Jerusalem, als ihn die Menschen wie einen König mit Palmzweigen verehrten. Fast überall treffen sich die GottesdienstteilnehmerInnen am Eingang der Kirche, um in einer kleinen Prozession mit Zweigen in den Händen an diesen Einzug in Jerusalem zu erinnern. Eine zweite Besonderheit ist die Lesung der Passion Jesu. Unter „Passion" versteht man *das Leiden bzw. die Leidensgeschichte Jesu.*

Mit dem Abendmahlsgottesdienst am Gründonnerstag beginnen die drei österlichen Tage vom Leiden, vom Tod und von der Auferstehung des Herrn. Der Priester trägt an diesem Tag natürlich ein *(festliches) weißes* Messgewand.

Nach der feierlichen Messe, in der man der Einsetzung der Eucharistie beim Abendmahl gedenkt, wird der Altar abgeräumt und die Eucharistie in die Sakristei oder in eine Seitenkapelle o.ä. gebracht. In den meisten Gemeinden beginnt jetzt eine Zeit der stillen Anbetung oder Gebetsstunden, in denen sich die Christen in Gedanken mit Jesus *in den Garten Getsemani* begeben und dort mit ihm „die Nacht durchwachen", bis dann Judas *Iskariot* mit den Soldaten kommt, um ihn zu verraten.

Der Karfreitag ist vor allem ein Tag des Schmerzes und des Leids. Wir denken an diesem Tag an den Tod Jesu am Kreuz. Das althochdeutsche Wort „kara" bedeutet so viel wie Trauer oder Wehklage. Der Karfreitagsgottesdienst soll nach Möglichkeit um *15 Uhr* stattfinden, da dies der Überlieferung nach die Sterbestunde Jesu ist. Die Liturgie des Gottesdienstes ist in dieser Form einmalig. Sie besteht aus einem Wortgottesdienst, der *Kreuzverehrung* und der Kommunionfeier. – *(Der „Gesang der Klageweiber" ist frei erfunden.)*

Die Auferstehungsfeier an Ostern ist das älteste jährlich wiederkehrende und auch das höchste Fest der Christen. Die Feier der Osternacht nennen wir auch Oster*vigil*.

Die Liturgie der Osternacht umfasst *vier* Teile: Lichtfeier, Wortgottesdienst, Tauffeier, Eucharistiefeier *(falsch: Ostereieressen.)*

Im Mittelpunkt der Lichtfeier steht die Osterkerze: Sie ist das Zeichen des auferstandenen Christus. Wir finden auf der Kerze neben der Jahreszahl *häufig das griechische Alpha und Omega (= Christus ist der Anfang und das Ende).* Die Osterkerze wird vor der Kirche oder am Eingang am *Osterfeuer* entzündet und dann in feierlicher Prozession in die Kirche getragen. Hier ruft der Priester oder Diakon: *Lumen* Christi – Christus, das Licht. Alle antworten: Deo gratias – Dank sei Gott.

Nachdem alle Mitfeiernden ihre Lichter von der Osterkerze aus entzündet bekommen haben, folgt das feierliche Osterlob, das Exsultet.

Im anschließenden Wortgottesdienst sind bis zu 9 *Lesungen* vorgesehen, sieben alttestamentliche und zwei neutestamentliche.

Eine Besonderheit ist auch die Tauffeier, *während der gegebenenfalls Kinder, Jugendliche oder Erwachsene getauft werden. (Hier findet auch die Weihwasserweihe statt. Man nennt diesen Teil der Ostervigil auch dann Tauffeier, wenn keine Taufe stattfindet, da hier die Erneuerung des Taufversprechens ihren Platz hat.)* Die nun folgende Eucharistiefeier verläuft wie andere feierliche Messen.

Die Osterzeit umfasst *50* Tage. Um den festlichen Charakter zu unterstreichen, ist ihre liturgische Farbe *Weiß*.

Besondere Feste innerhalb der Osterzeit sind Christi Himmelfahrt und *Pfingsten*, das die Osterzeit beschließt. *(Fronleichnam liegt außerhalb der Osterzeit in der „Zeit im Jahreskreis".)* Danach beginnt die Zeit im Jahreskreis.

Zu XVII

R **O** S E N K R A N Z
B L A S I U S S E G E N
O S **T** E R L A M M
K R E U Z V **E** R E H R U N G
R O **R** A T E M E S S E
A S C H E N **K** R E U Z
C H R I S T M **E** T T E
G R A E B E **R** S E G N U N G
A D V E N T S **Z** E I T
G R U E N D O N N **E** R S T A G

Zu XVIII

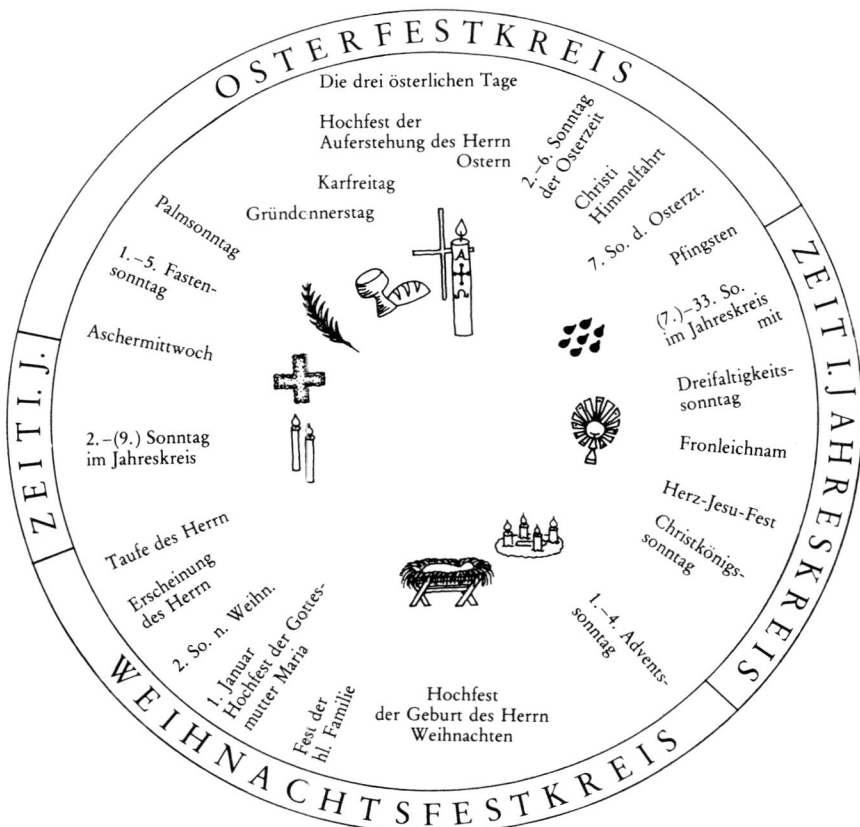

Zu XIX

1. TAUFE
2. GLORIA
3. ADVENT
4. PALMSONNTAG
5. AMBO
6. JOHANNES

7. ASCHERMITTWOCH
8. VATERUNSER
9. SCHIFFCHEN

Lösungswort: FLAMBEAUS

Zu XX

1. Mose

Er wurde in einem fernen Land geboren, in dem sein Volk die niedrige Arbeit verrichten musste. Aus Angst, dass dieses Sklavenvolk zu mächtig werden könnte, hatte der Herrscher angeordnet, alle männlichen Babys zu töten. Deshalb setzte seine Mutter ihn in einem Binsenkörbchen aus. Und Gott war mit ihm: Er wurde von der Schwester des Herrschers gefunden und wuchs am Hof auf.
Später erhielt er von Gott den Auftrag, Führer seines unterdrückten Volkes zu werden und es in das Gelobte Land zu bringen. 40 Jahre lang dauerte der Weg durch die Wüste.
Auf dem Berg Sinai offenbarte ihm Gott seine Gebote.
Es war ihm nicht erlaubt, das Gelobte Land noch selbst zu betreten, aber er konnte es bereits aus der Ferne sehen.

2. Martin von Tours

Als er groß wurde, schlug er im Jahre 331 die Militärlaufbahn ein und trat der römischen Armee bei. Aus dieser Zeit ist uns die Teilung seines Mantels mit einem Bettler überliefert.
Da er nicht Bischof von Tours werden wollte, versteckte er sich, wie eine Legende besagt, in einem Stall mit Gänsen. Doch diese verrieten ihn mit ihrem Geschnatter. Deshalb wird er bisweilen auch mit Gänsen dargestellt.

3. Franz von Assisi

Im Alter von 25 Jahren hörte er den Ruf, Jesus in radikaler Armut nachzufolgen. Es wird erzählt, dass er seinem Vater als Zeichen seines Verzichtes die wertvollen Kleider vor die Füße warf; er verschenkte sein Vermögen und suchte Gleichgesinnte, mit denen er in Armut und im Dienst am Nächsten leben wollte. Zunächst sah er seine Aufgabe darin, Kapellen aufzubauen, doch dann erkannte er, dass er nicht nur Kirchen aus Stein erneuern sollte, sondern auch die Kirche als Gemeinschaft der Christen. Seine erste einfache Ordensregel wurde vom Papst bestätigt.
Bekannt ist unser Heiliger auch durch seinen berühmten Sonnengesang, in dem seine besondere Liebe zur Schöpfung deutlich wird. Deshalb stellt man ihn auch oft dar, wie er den Vögeln predigt.

Am Ende seines Lebens ließ er sich von seinen Mitbrüdern auf die nackte Erde legen. So erwartete er den „Bruder Tod", wie er sagte.

Zu XXI

1. Weihrauchfass
2. Weißer Sonntag
3. Gründonnerstag
4. Rosenkranz
5. Schiffchen
6. Chormantel oder Rauchmantel
7. Adventskranz
8. Aschermittwoch
9. Ewiges Licht
10. Füße (Fußwaschung)
11. Sternsinger

Zu XXII

```
            V E L U M
      L E K T I O N A R
            K O R P O R A L E
  C H O R M A N T E L
        W E I H R A U C H F A S S
      L E S E J A H R
      E V A N G E L I A R
            B E N E D I K T I O N A L E
W E I H W A S S E R K E S S E L
        T A L A R
        A S P E R G I L L
      Z I N G U L U M
    M O N S T R A N Z
```

Zu XXIII

1. Sanctus
2. Gloria
3. Agnus Dei
4. Advent
5. Velum
6. Laetare
7. Angelus
8. Ministrant
9. Tabernakel
10. Burse
11. Paternoster
12. Vesper

Zu XXIV

1. CREDO
2. OKTAV
3. VIGIL
4. LUNULA
5. ASPERGILL
6. LAVABOTUCH
7. HOMILIE
8. EVANGELIUM
9. MONSTRANZ
10. ZINGULUM
11. MISSALE

Zu den Quizfragen 1–120

1. Der Sonntag ist der Tag der Auferstehung Jesu.

2. Die großen Hauptteile der Messe sind Eröffnung, Wortgottesdienst, Eucharistiefeier und Entlassung.

3. Die Gläubigen sitzen normalerweise bei den Lesungen (nicht beim Evangelium!), beim Antwortpsalm, ebenso bei der Predigt und zur Gabenbereitung.

4. Der Einzug ist in folgender Reihenfolge vorgesehen: WeihrauchträgerIn, MessdienerIn mit Vortragekreuz, LeuchterträgerInnen, AltardienerInnen, Priester.

5. Wenn wir zum Gottesdienst gehen, sind wir mit unseren Gedanken oft noch anderswo. Eröffnungslied und Begrüßung wollen uns auf die Messe einstimmen und uns bereitmachen, gemeinsam den Gottesdienst zu feiern.

6. Indem wir vor Gott und untereinander unsere Schuld bekennen und um Gottes Erbarmen und Vergebung bitten, bereiten wir uns auf die gemeinsame Feier vor.
Im Kyrie-Ruf erkennen wir Christus als Herrn unseres Lebens an.

7. Die griechischen Worte heißen: „Herr, erbarme dich!, Christus, erbarme dich!"

8. Das Gloria wird nach dem Kyrie (Herr, erbarme dich) und vor dem Tagesgebet gebetet oder gesungen. (Zur Information: Das Gloria entfällt in der Fasten- und Adventszeit.)

9. Das Goria beginnt mit: „Ehre sei Gott in der Höhe..."

10. Die Lesung(en) wird/werden von dem Lektor oder der Lektorin vorgetragen; das Evangelium verkündet der Diakon oder der Priester.

11. Die Gemeinde antwortet: „Dank sei Gott."

12. Der Höhepunkt des Wortgottesdienstes ist die Verkündigung des Evangeliums.

13. Weihrauch kann zu Beginn der Messe (nach dem Altarkuss), vor bzw. zur Verkündigung des Evangeliums, zur Gabenbereitung und zur Wandlung gespendet werden.

14. Die Auslegung von Lesung(en) und/oder Evangelium nennt man Predigt (lat.: Homilie).

15. Das „Glaubensbekenntnis" heißt mit dem lateinischen Wort „Credo".

16. Diese Gebete nennt man Fürbitten.

17. Die Eucharistiefeier wird mit der Gabenbereitung eröffnet.

18. Man benötigt Wasserschale, Wasserkännchen und Handtuch (= Lavabo-tuch).

19. Ein Ministrant bringt Wasserschale und Wasserkännchen und schüttet dem Priester etwas Wasser über die Hände! Ein zweiter bringt das Handtuch (= Lavabotuch).

20. Teile des eucharistischen Hochgebetes sind: Präfation, Sanctus, Wandlung (Einsetzungsworte).

21. Sanctus heißt „heilig".

22. Gong oder Schellen werden bedient, wenn der Priester bei der Wandlung Brot und Wein emporhebt.

23. Wer niederkniet, macht sich klein vor Gott. Wir erkennen also beim Knien und bei der Kniebeuge Gottes Größe an. Es sind Zeichen der Ehrfurcht und Anbetung.

24. Als Einsetzungsworte bei der Wandlung bezeichnet man die Worte, die Jesus im Abendmahlssaal gesprochen hat. Wir finden diese Worte Jesu in ähnlicher Formulierung in den Evangelien nach Matthäus, Markus und Lukas und im 1. Korintherbrief (11,23–25).

25. Wir antworten: „Deinen Tod, o Herr, verkünden wir, und deine Auferstehung preisen wir, bis du kommst in Herrlichkeit."

26. Leuchter und Rauchfass werden nach dem Evangelium; Flambeaus und Rauchfass vor dem Vaterunser weggebracht.

27. Beim Friedensgruß sagt der Priester: „Der Friede des Herrn sei allezeit mit euch." Wir antworten: „Und mit deinem Geiste." Zur Entlassung singt oder spricht der Priester bzw. Diakon: „Gehet hin in Frieden." Wir antworten: „Dank sei Gott, dem Herrn."

28. Es ist Johannes der Täufer (vgl. Joh 1,29).

29. Es ist ein Zeichen der Buße und Reue. Wir können das Wachrütteln regelrecht spüren, wenn wir uns an die Brust schlagen.

30. „Kommunion" heißt übersetzt „Gemeinschaft". In der Kommunion haben wir eine ganz enge Gemeinschaft mit Christus, aber auch untereinander.

31. Ein Messdiener/eine Messdienerin bringt das Wasserkännchen und gießt daraus Wasser zur Reinigung in den Kelch (in vielen Gemeinden auch noch etwas Wein). Danach werden der Kelch und gegebenenfalls die leere Hostienschale zur Kredenz zurückgebracht.

32. Der Priester segnet die Gläubigen (= Schlusssegen).

33. Der Priester oder Diakon spricht oder singt: „Gehet hin in Frieden!" Die Gemeinde antwortet: „Dank sei Gott, dem Herrn!"

34. Zu den gemeinsamen Gebeten und Gottesdiensten rechnet man zum Beispiel: Stundengebet (Laudes, Vesper, Komplet), Andachten (mit sakramentalem Segen), Bußgottesdienste, Kreuzwegandachten, Maiandachten, Rosenkranzgebet, Früh- und Spätschichten.

35. Schon in den ersten Jahrhunderten trafen sich die Christen zu bestimmten Stunden zum Gebet.

36. Die Laudes ist das Morgengebet; die Vesper das Abendgebet der Kirche.

37. Das Magnificat ist Teil der Vesper.

38. Die Komplet ist das Nachtgebet der Kirche.

39. Die meisten Gebete sind dem Buch der Psalmen entnommen.

40. Man verehrt Maria besonders im Mai. Deshalb nennt man diesen Monat auch den Marienmonat. Auch im Oktober verehrt man Maria auf besondere Weise. Hier steht das Rosenkranzgebet im Vordergrund.

41. Der Kreuzweg. In meist 14 Stationen folgt die Kreuzwegandacht der Leidensgeschichte.

42. Das Ave Maria oder „Gegrüßet seist du, Maria" ist das Hauptgebet des Rosenkranzes. Ein Rosenkranz hat fünf Gesätze, das sind Abschnitte mit je zehn „Gegrüßet seist du, Maria".

43. Die sieben Sakramente sind: Taufe, Firmung, Eucharistie, Buße, Krankensalbung, Weihe (Diakonen-, Priester-, Bischofsweihe), Ehe.

44. Sakramentalien sind sakramentenähnliche Handlungen, die von der Kirche eingeführt wurden. Zu ihnen gehören vor allem die Segnungen (z.B. von Wasser, Palmzweigen, Häusern, Bildern); auch die Beerdigung zählt man dazu.

45. Die Taufe. Es ist das erste und grundlegende Sakrament, durch das wir in die Gemeinschaft der Christen aufgenommen werden.

46. Der Zelebrant spricht: „(Name), ich taufe dich im Namen des Vaters und des Sohnes und des Heiligen Geistes" und gießt dabei dreimal Wasser über den Kopf des Täuflings.

47. Der Priester oder Diakon spendet das Sakrament der Taufe. Bei Lebensgefahr darf jeder die Taufe spenden.

48. Der Vater oder der Pate bzw. die Patin (oder ein/e MessdienerIn) entzündet die Taufkerze an der Osterkerze.

49. Die Taufkerze, die im Laufe der Feier an der Osterkerze entzündet wird, ist Zeichen dafür, dass wir zu einem neuen, anderen Leben „auferstanden" sind. Licht macht hell, und Christus will unser Leben hell machen.

50. Chrisam wird verwendet bei der Taufe, der Firmung und dem Sakrament der Weihe.

51. Die MessdienerInnen halten das Weihwassergefäß mit Aspergill und das Tablett mit den Ringen bereit.

52. Es ist die Feier (oder das Sakrament) der Krankensalbung.

53. Als Christen glauben wir daran, dass der Tod nicht das Ende des Lebens, sondern für uns ein Durchgang zu einem neuen Leben ist. Deshalb brennt bei der Messfeier für die Verstorbenen die Osterkerze, Zeichen der Auferstehung Christi und damit auch der Menschen.

54. Bei der Feier für Verstorbene kann Schwarz oder Violett als liturgische Farbe verwendet werden.

55. Im Tabernakel (aus dem Lateinischen: tabernaculum = Zelt), so nennt man diesen kleinen Schrank, wird das eucharistische Brot aufbewahrt.

56. Die Monstranz ist ein Zeigegerät. In ihr wird das eucharistische Brot, die geweihte Hostie, zur Anbetung „ausgesetzt". Auch beim sakramentalen Segen wird die Monstranz verwendet. An Fronleichnam trägt der Priester den Leib Christi in der Monstranz durch die Straßen.

57. „Tisch des Wortes" nennt man den Ambo. Von ihm aus werden Lesung(en) und Evangelium vorgetragen.

58. Der Altar ist der Ort der Eucharistiefeier.

59. Man nennt es das „Ewige Licht", weil es ständig (immer) brennt.

60. Das Korporale ist ein mehrfach gefaltetes, weißes Tuch. Es wird zu Beginn der Gabenbereitung auf dem Altar ausgebreitet.
Die Namensgebung (vom lateinischen corpus = Leib) weist auf den Zweck des Tuches hin. Auf ihm werden Kelch und Hostienschale abgestellt.

61. Das Lavabotuch ist ein kleines Handtuch, das der/die MinistrantIn dem Priester bei der Händewaschung reicht.
Lavabo kommt aus dem Lateinischen und bedeutet so viel wie: Ich will (meine Hände) waschen (vgl. Psalm 25).

62. „Inzensieren" kommt aus dem Lateinischen und heißt „verbrennen". Beim Gottesdienst verwendet man diesen Begriff für „beweihräuchern". Schon im Alten Testament heißt es: Wie Weihrauch steige mein Gebet zu dir (Ps 141,2). Die Menschen glaubten, dass Gott an diesem Wohlgeruch Gefallen findet. Und auch im Neuen Testament, in der Offenba-

rung des Johannes, werden die Gebete der Heiligen mit Weihrauch verglichen (Offb 5,8 und 8,1–4).

63. Die Kohle muss entzündet und ins Weihrauchfass gegeben; das Schiffchen mit Weihrauchkörnern gefüllt werden.

64. Das Schiffchen hat den Namen von seiner schiffs- oder bootsartigen Form. Es wird mit Weihrauchkörnern gefüllt, die dann bei Bedarf in das Rauchfass gegeben werden.

65. Möglich ist die Verwendung von Weihrauch bei jeder Messfeier; in der Praxis wird dies bei Hochfesten und Festen der Fall sein (bes. Weihnachten, Erscheinung des Herrn, Ostern, Fronleichnam), außerdem bei der Vesper, bei eucharistischen Andachten und bei der Beerdigung.

66. Aspergill nennt man den Weihwasserwedel, den der Priester oder Diakon bei Segnungen mit Weihwasser verwendet. „Asperge me" ist Lateinisch und heißt „besprenge mich".

67. Dieses Gewand nennt man Albe. Das Wort leitet sich vom lateinischen „albus" = weiß ab.

68. Das Amtszeichen des Priesters ist die Stola.

69. Das Zingulum ist der Strick oder das Band, mit dem bestimmte Formen von Alben oder die albenartigen Kutten der MessdienerInnen zusammengehalten und gerafft werden.

70. Ein Chormantel (Rauch- oder Vespermantel) wird bei feierlichen Andachten getragen. Auch bei der Fronleichnamsprozession legt der Priester einen Chormantel um.

71. Das Amtszeichen des Diakons ist die Stola, die, anders als beim Priester, nicht vorne herabhängt, sondern quer – von der linken Schulter zur rechten Körperseite.

72. Das Velum ist der Form nach eine breite Schärpe. Es hat Ähnlichkeit mit einer Stola, nur ist es viel breiter.

73. Das Velum wird zum Anfassen der Monstranz vor dem sakramentalen Segen und bei der Übertragung am Gründonnerstag umgelegt.

74. Die liturgischen Farben sind Weiß, Grün, Rot, Violett und Schwarz.

75. Weiß ist die liturgische Farbe in der Weihnachts- und Osterzeit, an Herren- und Muttergottesfesten, bei Festen der Engel und Gedenktagen der Heiligen (außer Märtyrer).

76. Grün ist die liturgische Farbe der Sonn- und Wochentage im Jahreskreis.

77. Rot wird am Palmsonntag, am Karfreitag und an Pfingsten verwendet. Rot ist auch die liturgische Farbe an Kreuzfesten und bei Apostel- und Märtyrerfesten.

78. Violett ist die Farbe der Buße und Umkehr. Sie wird in der Advents- und Fastenzeit verwendet und kann auch wahlweise bei der Begräbnisfeier benutzt werden.

79. Lektionar ist das lateinische Wort für „Lesungsbuch".

80. Im Lektionar sind Lesungen, Antwortpsalm, Hallelujavers und Evangelium enthalten.

81. Im Evangeliar oder Evangelienbuch sind die Evangelien der Sonntage und Hochfeste enthalten.

82. Die Lesungstexte kehren im Abstand von drei Jahren wieder. Man unterscheidet deshalb die Lesejahre A, B und C.

83. Die vier Evangelisten sind Matthäus, Markus, Lukas und Johannes.

84. Die Texte der Werktagsmessen wiederholen sich alle 2 Jahre.

85. Der hl. Paulus. Daneben finden wir im Neuen/Zweiten Testament noch den Jakobusbrief, zwei Petrusbriefe, drei Johannesbriefe und den Judasbrief.

86. In der Apostelgeschichte finden wir viele Berichte über die Entwicklung des Urchristentums.

87. Der/die VorsängerIn trägt den Antwortpsalm und den Hallelujavers aus dem Kantorenbuch vor.

88. Für die Gemeinde ist das „Gotteslob" das wichtigste Buch, mit dem sie durch Singen und Beten aktiv am Gottesdienst teilnehmen kann.

89. Die Segnungstexte sind im Benediktionale enthalten. Der Name kommt vom lateinischen benedicere = segnen.

90. Die Texte und Gebete des Priesters sind im Messbuch (Missale) enthalten.

91. Wir unterscheiden im Kirchenjahr den Weihnachts- und den Osterfestkreis.

92. Man nennt sie die Zeit im Jahreskreis.

93. Advent bedeutet so viel wie Ankunft, also Ankunft des Herrn.

94. Das Kirchenjahr beginnt mit dem ersten Adventssonntag.

95. Epiphanie heißt: Erscheinung. Das Fest am 6. Januar nennt man deshalb auch „Erscheinung des Herrn".

96. Mit dem Fest „Taufe des Herrn" wird der Weihnachtsfestkreis abgeschlossen. Man feiert es am Sonntag nach „Erscheinung des Herrn" (= 6. Januar).

97. Die österliche Bußzeit beginnt mit dem Aschermittwoch.

98. Die Asche ist ein uraltes Zeichen der Buße und Reue. Wenn wir uns mit Asche bezeichnen lassen, zeigen wir, dass wir uns in den kommenden Wochen in besonderer Weise auf Ostern vorbereiten wollen. Asche will auch auf unser Sterben, auf die Vergänglichkeit hinweisen.

99. Die österliche Bußzeit umfasst vierzig Tage, und zwar von Aschermittwoch bis Karsamstag (Ostervigil). Dabei werden die Sonntage, an denen von alters her nicht gefastet wird, nicht mitgezählt.

100. Der Palmsonntag erinnert an den Einzug Jesu in Jerusalem. Im Neuen Testament wird berichtet, dass die jubelnden Menschen Palmzweige nahmen (vgl. Joh 12,13), um Jesus zu empfangen.

101. Die „drei österlichen Tage vom Leiden, vom Tod und von der Auferstehung des Herrn" beginnen mit der Abendmahlsmesse am Gründonnerstag und finden ihren Höhepunkt mit der Feier der Ostervigil in der Osternacht.

102. Am Ende der Abendmahlsmesse wird das Allerheiligste an einen anderen Ort getragen und der Altar abgeräumt. (Oft schließen sich direkt an die Eucharistiefeier Gebetsstunden an, die uns die Angst und Not Jesu am Ölberg vergegenwärtigen können.)

103. Dieser Tag ist der Karfreitag. Das althochdeutsche Wort „kara" bedeutet soviel wie Trauer, Wehklage.

104. Besondere Kennzeichen der Karfreitagsliturgie sind vor allem: die großen Fürbitten, die Kreuzverehrung und die Kommunionfeier (keine Wandlung!).

105. Zwei MinistrantInnen begleiten den Zelebranten mit Leuchtern.

106. Am Osterfeuer wird die Osterkerze entzündet. Das Licht ist Symbol für Christus. Er ist das Licht der Welt.

107. Bei der Prozession ruft der Priester oder Diakon: „Lumen Christi" oder auf Deutsch „Christus, das Licht".

108. Die Osterkerze (in ihrer klassischen Symbolik) trägt die Zeichen Alpha und Omega (= Anfang und Ende) und zwischen Kreuzbalken die jeweilige Jahreszahl.
Fünf Wachsnägel erinnern an die Wundmale Jesu.

109. Die Osterliturgie beginnt mit der Lichtfeier.

110. Es ist das Exsultet (Osterlob). Das Exsultet ist ein altes Loblied auf Chris-

tus, der für uns zum Licht geworden ist, das die Finsternis der Welt erhellt.

111. Für den Wortgottesdienst in der Osternacht sind bis zu neun Lesungen aus dem Alten und Neuen Testament vorgesehen. Es sollen davon mindestens drei alttestamentliche, eine neutestamentliche und das Evangelium vorgetragen werden.

112. Wir kennen das Wort „Vigil" vor allem von der Bezeichnung Ostervigil her. Es kommt aus dem Lateinischen und bedeutet so viel wie Nachtwache. Die Ostervigil ist also eine Nacht des Wachens für Christus.

113. Das Halleluja oder Alleluja. Er ist ein Ausdruck der besonderen Freude und wird deshalb während der fünfzigtägigen Osterzeit immer wieder gesprochen oder gesungen.

114. „Christi Himmelfahrt" feiern wir in der Osterzeit, genauer am 40. Tag nach Ostern. Es gehört also in den Osterfestkreis.

115. In besonderer Weise wird an Fronleichnam die Eucharistie verehrt. Dies geschieht häufig in Form einer Prozession, bei der der Priester den Leib Christi durch die Straßen trägt.

116. Am 50. Tag nach Ostern feiern wir Pfingsten.

117. An Pfingsten gedenken wir der Herabkunft des Hl. Geistes auf die Jünger Jesu. Bei der Firmung schenkt Gott uns ebenfalls die Kraft des Hl. Geistes.

118. Der Osterfestkreis beginnt mit dem Aschermittwoch und wird mit dem Pfingstfest abgeschlossen.

119. Am 1. November begehen wir das Fest Allerheiligen, an dem wir uns mit allen Heiligen der Kirche, aber auch allen lebenden und verstorbenen Christen, die ja von Gott in der Taufe „geheiligt" wurden, besonders verbunden wissen. Deshalb denken wir an diesem Tag und am folgenden, dem Fest Allerseelen, besonders an die Verstorbenen.

120. Der letzte Sonntag im Kirchenjahr ist der Christkönigssonntag.